지혜와 행복이 함께하는

찬불 가곡 108 Ⅰ

노래
(이조/조옮김)

MEDIA RESONANCE
미디어공명

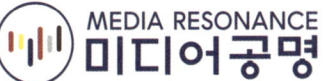

지혜와 행복이 함께하는
찬불가곡108 ❶ -노래(이조/조옮김)

발행일 _ 초판 발행 2020. 5. 30
발행처 _ 미디어 공명
발행인 _ 강형진
등록번호 _ 제2019-000282호
기획 _ 강형진
제작 _ 씨에이치피앤씨 / 02-2265-6116
저작권·악보검수 _ 이정화, 김태연
악보교정에 동참하신 분 _ 국을경, 김경숙, 김효경, 김흥순, 박정숙(3기), 서오현, 우연옥, 이승연, 이영애
편집 _ 심소연, 한주희
편곡 저작권 _ 미디어 공명
피아노 녹음 _ 김태연
주소 _ 서울시 강남구 광평로56길 8-13, 1310호(수서타워)
전화번호 _ 02-415-2599
홈페이지 _ buddhachant-school.com
이메일 _ akasa-e@daum.net
음원후원

동일스님, 원행스님, 전동혁, 성경연, 김흥순, 김경숙, 우연옥(이하 가나다순)
강정열, 국을경, 권석란, 김아란, 배영주, 서인숙, 유한수, 윤문자, 이승미, 이승연, 이영애, 이혜영,
동국대학교 미래융합교육원 불교음악 아카데미 동문 일동

ISBN _ 979-11-968238-0-1
값 _ 24,500원

이 책의 무단 전재 및 복제는 저작권법에 의해 법적 처벌의 대상이 됩니다.
잘못된 책은 바꾸어 드립니다.

지극히 존경하옵는 부처님,
우주의 파동을 타고 아름다운 찬불가가 울려 퍼집니다.
꽃비가 되어 부처님을 닮고 싶은 여러분의 마음에
그리움의 노래 되어지이다.

'소리가 나는 우주'로 찬미하는 부처님의 말씀

"음악은 소리가 나는 작은 우주다"
그리스의 철학자이면서 수학자였던 피타고라스의 말입니다.
음악은 가장 추상적인 형태의 재료인 소리의 높낮이와 길이를 통해 '기운생동'하는 만물과 자연의 변화를 표현해내는 고양된 예술입니다.

기독교가 오늘날 세계 주류의 종교로 자리잡은 데는 찬송가로 대표되는 서양 종교음악의 영향이 절대적이었습니다. 바흐와 헨델 모차르트와 베토벤 슈베르트와 멘델스존, 포레와 프랑크.....이 위대한 작곡가들이 만들어낸 숱한 경건하고 거룩한 찬송과 찬양의 선율은 창조주와 인간을 매개하는 가장 강렬한 끈이었습니다. 그래서 서양음악의 역사는 서양 기독교 음악의 역사라 해도 과언이 아닙니다.

동양의 정신세계를 떠받치고 있는 유교에서도 "시로써 흥을 돋우고 예로서 질서를 바로 세우며 음악으로 성정을 완성한다 (興於詩 立於禮 成於樂)"는 공자의 말씀처럼, 음악은 단순한 정서적 표출을 넘어 불완전한 인간을 완성시키는 고결한 수행의 의미도 지니고 있습니다.

절대자의 말씀을 널리 알리고, 궁극적으로 그 말씀을 실천으로 이어지게 하는 놀라운 힘을 지닌 예술이 종교음악이라고 한다면, 불교에서 음악이 차지하는 비중은 매우 빈약하거나 무시되고 있는 게 우리의 현실입니다.

불교의 가르침은 어떤 종교의 가르침보다 심오하고 탁월하지만, 정작 그 가르침을 널리 전파하는 중요한 수단이 되는 음악에 관한 한 부족함과 아쉬움이 많았습니다.

이번에 강형진 니르바나 필하모닉 오케스트라 단장님께서 동국대학교 강사 및 힐링스쿨 수강생들이 추천한 찬불가를 하나 하나 모으고 또 정성껏 편곡하고 다듬어 음악적으로도 손색이 없는 [찬불 가곡집]을 펴낸 것은 불교음악사에 남을 뜻깊은 일이라 생각합니다.

강형진 단장님은 독실한 불자인 동시에 바이올린을 전공한 음악가로서 수십년 간 끊임없이 불교와 음악을 접목한 창의적이고 실험적인 시도를 통해 불교음악의 현대화, 대중화, 국제화에 노력해오신 분입니다. 저는 강형진 단장님과 니르바나 필하모닉 오케스트라가 연주한 '칸타타 담마파다 (법구경)'의 감동을 지금도 잊지 못합니다.

흔히 '구슬이 서말이라도 꿰어야 보배'라고 합니다.
아무리 소중한 책을 냈더라도 현장에서 부르고 연주하지 않는다면 헛된 일인 만큼 언제나 어디서나 들을 수 있게 되기를 바랍니다.

이번에 펴내신 찬불 가곡집이 아름다운 선율을 통해 부처님 말씀을 널리 퍼지게 하는 '선율의 경전' '소리의 우주'가 되기를 발원합니다.

KBS 한국방송 부사장 (니르바나 필하모닉 오케스트라 후원회장) 임 병 걸 合掌

추천사

인생은 파도타기입니다. 거센 파도 하나를 넘으면 또 다른 파도가 밀려옵니다. 생로병사의 파도, 고통과 번뇌의 파도, 근심과 걱정의 파도, 파도는 끝이 없습니다. 그래서 불교에서는 우리가 사는 이 사바세계를 '고통의 바다(苦海)'라고 합니다.

부처님은 이 사바고해에서 고통 받는 중생을 구제하기 위해 이 세상에 오신 분입니다. 그것은 "천상 천하에 오직 내가 존귀하나니, 온 세상의 고통을 내가 마땅히 평안케 하리."라고 하는 부처님의 탄생게를 통해서도 잘 알 수 있습니다. 부처님은 실로 우리 모두를 생사윤회의 고통에서 건져내어 안락한 열반의 저 언덕으로 이끌어 주시는 거룩한 분이십니다.

이 거룩한 부처님을 찬탄하고 찬양하는 노래가 바로 찬불가입니다. 또한 불법승 삼보를 찬탄하고, 불교의 상징물 및 불교와 관련된 모든 것을 찬탄하는 노래가 찬불가입니다. 그동안 많은 분들의 원력과 노력에 힘입어, 그 양과 질에 있어 상당한 수준에 이른 찬불가는 불자들의 신심 고양과 불교 홍포에 크게 기여해 왔습니다. 하지만 찬불가는 대개 『법요집』의 구색을 맞추기 위한 용도로 취급되어, 『법요집』 가운데 극히 한정된 면을 할애받거나 맨 뒤의 부록으로 수록되기 일쑤였습니다. 따라서 우리 불자들은 찬불가집 단행본을 접하기 어려웠습니다. 또한 악보가 서로 다른 것도 많고 음정이 너무 높아 노래 부르기 어려운 곡도 많아, 불편한 점이 적지 않았습니다.

이러한 불편함을 극복하고 찬불가의 대중성과 예술성을 업그레이드시키고자 하여 만들어진 책이 바로 이 『찬불 가곡집』입니다. 『찬불 가곡집』은 오랜 시간 불교음악 발전을 견인해온 「니르바나 필하모닉 오케스트라」 강형진 단장의 기획 하에 여러 불교음악인들이 함께 엮은 찬불 가곡집입니다. 기존의 찬불가를 벨칸토 창법에 어울리게 편곡하였기에 '찬불가곡'이라고 이름하였습니다.

『무량수경』에는 "극락세계의 음악은 모두가 진리를 나타내는 신묘한 소리로서, 한량없이 맑고 애절하며 미묘하고 아늑하다."라는 말씀이 있습니다. 이 『찬불 가곡집』이 이와 같이 아름다운 극락세계의 음악을 우리에게 선물할 것입니다.

『찬불 가곡집』은 (1)노래(이조/조옮김), (2)노래반주(이조/조옮김) 두 종류로 출판되고 (3)합창용은 준비중입니다. 우리는 각자 필요에 따라 셋 중의 하나를 선택하여 활용하면 될 것입니다. 이 『찬불 가곡집』이 찬불가 (지도)교재의 표준이 되어 찬불가 보급에 일대 전기를 마련해 줄 것으로 믿어 의심치 않습니다.

동국대학교 불교학부 명예교수 박 경 준 合掌

『찬불 가곡집』 상재(上梓)에 즈음하여

동국대학교 미래융합교육원의 「찬불가 지도사과정」에서 『찬불 가곡집』을 출간한다고 합니다. 불교음악 특히 찬불가에 관심이 많은 필자로서는 매우 반가운 소식이 아닐 수 없습니다.

그 동안 몇몇 『찬불가집』이 나왔으나 주로 전공자나 합창단원 외의 일반 불자들은 별로 관심도 없고 따라서 거의 활용되지 못하고 있는 실정입니다. 그런데 이번의 『찬불 가곡집』은 이런 점에 착안해서 일반 불자용 『찬불 가곡집』· 합창단용 『찬불 가곡집』 등 실용적인 『찬불 가곡집』을 낸다고 합니다.

「찬불가」는 불교의식이나 불교행사 때 아니면 음악회 때나 부르는 노래로 인식되어서 붓다의 공덕을 찬탄하고 불자들이 신행(信行)생활을 하는 데 도움이 되는 「찬불가」라는 본래 취지와 많이 괴리(乖離)되어 있는 것이 현실인 것 같습니다.

이 『찬불 가곡집』의 출간을 계기로 해서 의식 때나 행사 때 뿐 아니라 일상생활을 하면서도 흥얼거릴 수 있는 친밀한 「찬불가」, 지도자나 합창단 뿐 아니라 모든 불자들의 마음과 마음을 이어주는 「찬불가」가 되었으면 좋겠습니다. 더 욕심을 부리자면 불교권 밖에서도 친숙하게 부르는 「찬불가」가 되기를 기대해 봅니다.

지금도 드러나지 않게 나름대로 「찬불가」를 위해 애쓰는 분들이 많이 있습니다. 모든 분들이 한데 어울려서 한마음으로 붓다를 찬탄하고 신심을 다지며 「찬불가」를 부르고 즐긴다면 얼마나 좋겠습니까. 생각만 해도 마음이 설렙니다.

어려움을 무릅쓰고 어렵게 『찬불 가곡집』을 상재한다는 소식을 듣고 반갑고 고마워서 부질없는 상상도 해보았습니다.

그 동안 『찬불 가곡집』 출간을 위해 애쓰신 여러분과 지금도 불교음악을 위해 애쓰시는 여러 분은 〈붓다를 대신해서 그 분의 가르침을 전해주는 붓다의 사자(使者)〉이십니다.

이런 모든 분께 붓다의 가피가 꽃비처럼 내리기를. . . . .

자비의 소리 대표 반 영 규 合掌

"찬불가가 그리움의 노래가 되어 부처님 만나지이다."

우리가 생각하는 찬불가는 무엇일까요?
우리의 시간과 장소를 불문하고 부르고 싶을 때 찬불가를 애창할 방법이 없을까요?

2013년 동국대학교 미래융합교육원에서 찬불가 지도사 양성 교육을 진행하면서 상담과 사례를 통해 사찰과 불교단체의 음악적 환경과 실상에 새로운 접근을 하게 되었습니다. 교육 과정에서 찬불가가 불자들에게 법회뿐만 아니라 생활 속 수행과 삶에 상당히 많은 영향을 주는 가치 있는 장르로 재발견하게 되었던 것입니다.
그래서 찬불가를 쉽게 보급하고 대중화하는 방법을 모색하게 되었고 그 결과로 아주 특별한 찬불가 악보집을 내게 되었습니다.

여기에는 기존의 찬불가 악보에서는 볼 수 없는 특별한 네 가지가 있습니다.
첫째, 음을 낮추고(이조), 둘째, 기타코드를 수록하여 신나게 즐길 수 있고, 셋째, 각각의 곡마다 큐알코드를 넣어 유튜브를 통해 핸드폰이나 컴퓨터로 음원을 듣고 악보를 보며 찬불가 연습이 가능하고, 넷째는 신도용으로 노래만 있는 부분과 피아노 반주악보가 있는 악보를 따로 분권하여 편리성을 고려하여 제작하였습니다. 언제 어디서나 기능성있고 쉽게 찬불가를 부르고 즐길 수 있도록 많은 고민을 했습니다.

한편, 찬불가의 인프라가 형성된 것에 비해 체계적인 교육이 부족하고 음악의 기초적인 교육과 상식이 매우 시급한 현실을 직면하며 찬불가 지도사 양성을 위한 교육을 하고 있습니다. 이 지도사 교육은 비단 지도사 활동을 하지 않더라도 예술과 음악의 이해가 있으면 더욱 찬불가를 잘 부를 수 있는 노하우(악보 보는법, 음악상식, 발성, 소리와 가사전달의 관계, 기초지휘 및 리너쉽 등)를 갖추게 하고 있습니다. 모든 분야의 기초는 중요하듯이 음악적 이해와 예술적 상식은 다양한 합창단 활동에 안목을 키워주며 활성화에도 도움을 줄 수 있어 매우 유익할 것입니다.

이 악보집이 발간되도록 훌륭한 작품을 허락해 주신 원저작자님들과 추천사를 써주신 임병걸 후원회장님, 반영규 회장님과 박경준 교수님께 깊이 감사드립니다. 그리고 동국대학교 찬불가 교육프로그램에 많은 부분을 뒷받침해주신 니르바나 필하모닉 오케스트라 후원회, 강의를 해주신 여러 강사님들과 물심양면의 후원을 해주신 수강생과 동문들께도 감사드립니다.

점점 삶은 팍팍하고 녹녹지 않습니다. 이 악보집을 통해 힘든 일상에서 부처님이 그리워질 때 삶의 위로와 수행으로 감동적인 생활 속 찬불가를 즐기게 되고 늘 흥얼거리는 내 마음의 찬불가 하나씩 만드는 계기가 되시길 기대해봅니다.

동국대학교 미래융합교육원 불교음악아카데미 / 미디어공명 대표 강 형 진 合掌

악보특징 및 설명

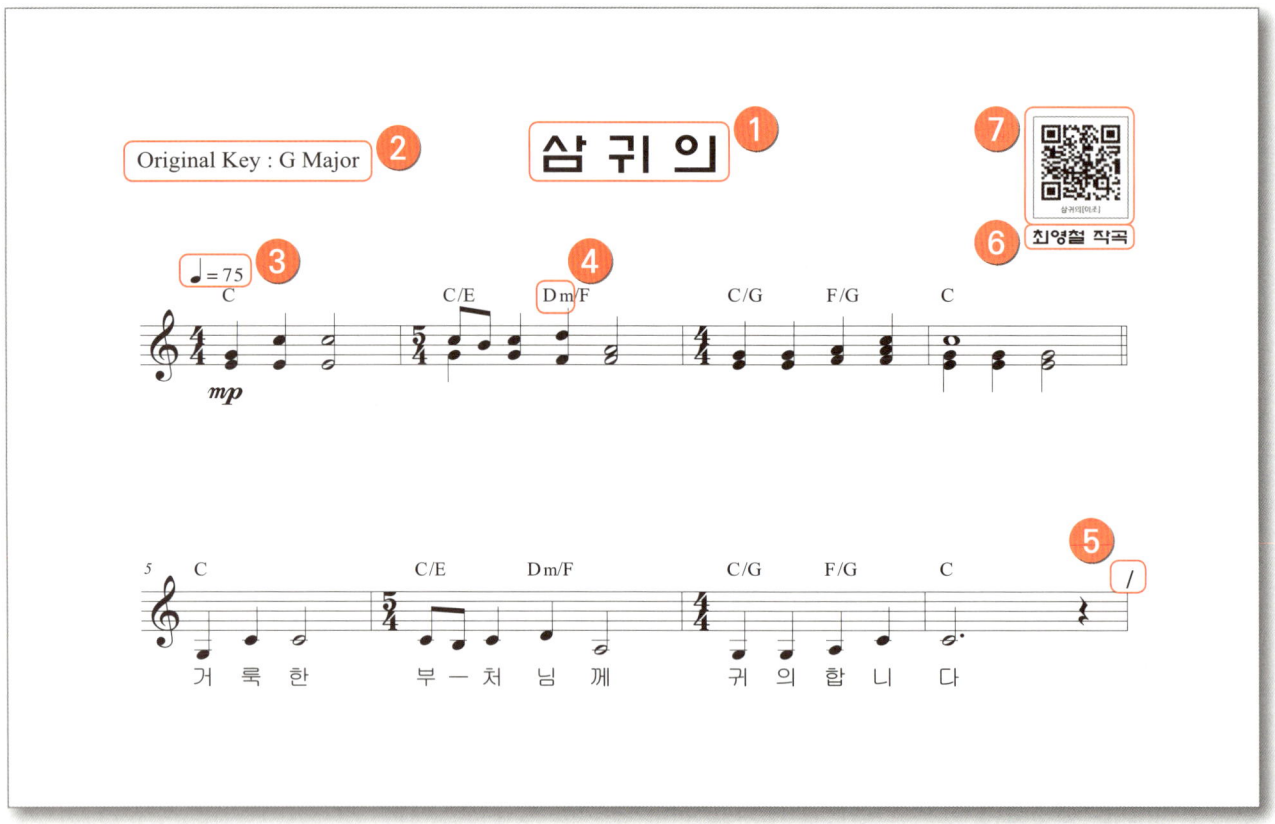

번호	내용	번호	내용
①	제목	⑤	지도사용 반복구분표
②	원조 표기	⑥	작곡, 작사가 표기
③	곡 빠르기 및 분위기	⑦	QR코드
④	기타 코드		

악보집의 4가지 특징

- 원곡을 편하게 부를 수 있도록 음정을 내림(이조)
- 의식곡 7곡(집회가, 삼귀의, 보현행원, 청법가, 새 법우 환영가, 사홍서원, 산회가)과 찬불가 101곡 악보 수록
- 각 곡마다 반주용 음원(큐알코드로 인식)을 제목 옆에 수록 – CD 12장 분량
- 각 곡마다 기타반주자를 위한 코드 수록

유튜브와 QR코드 그림설명

스마트폰에서 QR코드를 이용하는 방법은 대표적으로

1. Play 스토어나 원 스토어, App Store에서 제공하는 QR코드 앱을 설치하여 사용하는 방법
2. 네이버 앱 설치 후 스마트렌즈 기능을 이용하는 방법
3. 스마트폰의 내장 카메라를 이용하는 방법

여기에서는 네이버 앱의 스마트렌즈와 삼성 갤럭시폰의 기능을 이용하는 방법을 참고하시도록 사진을 수록하여 설명드립니다.

- 네이버 앱 - 스마트렌즈 기능 이용하는 방법

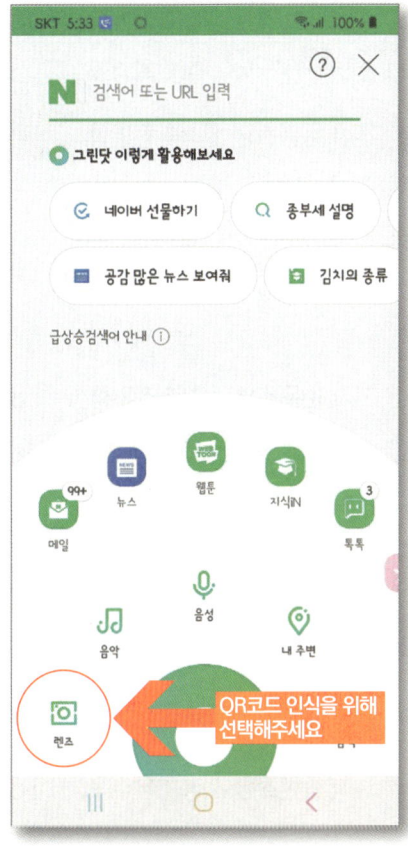

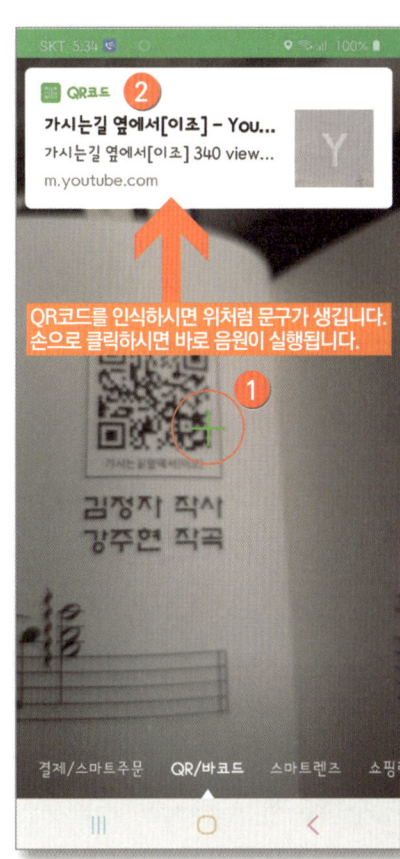

- 삼성 갤럭시폰의 내장카메라를 이용하는 방법

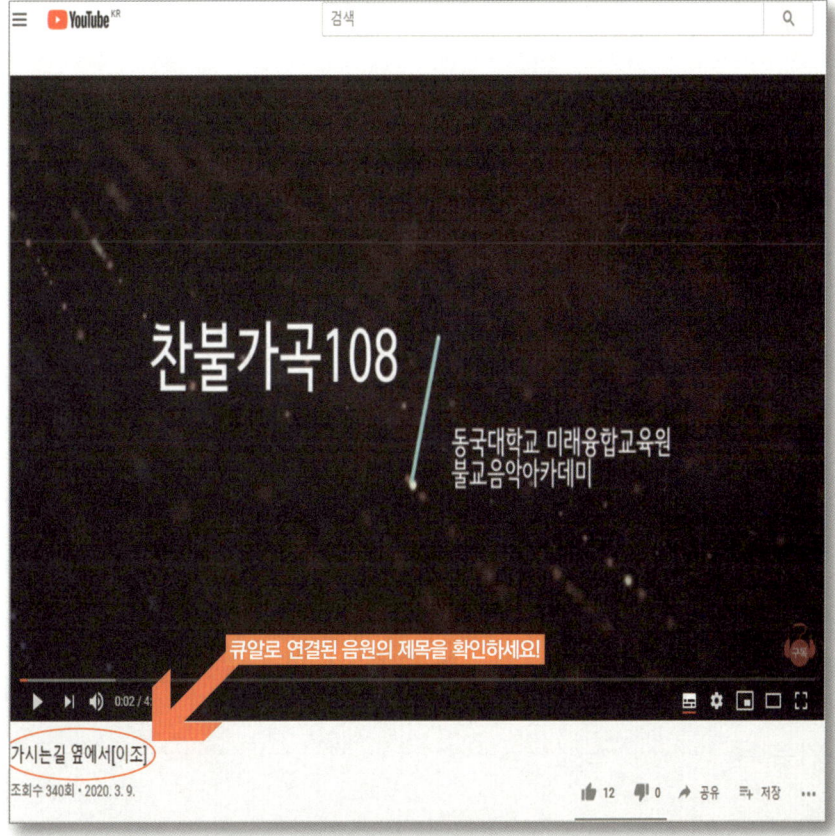

목 차

- 의식곡

집회가	작사 운문스님 ｜ 작곡 정민섭	2
삼귀의	작곡 최영철	3
보현행원	작사 운문스님 ｜ 작곡 정민섭	4
청법가	작사 이광수 ｜ 작곡 이찬우	5
새 법우 환영가	작사 정다운 ｜ 작곡 서창업	6
사홍서원	작곡 최영철	7
산회가	작사 운문스님 ｜ 작곡 정민섭	8

- 찬불가곡(가나다순)

가시는 길 옆에서	작사 김정자 ｜ 작곡 강주현	10
가을 무상	작사 함현스님 ｜ 작곡 김동환	12
가지산 물소리	작사 김성춘 ｜ 작곡 정홍근	14
강녕하소서	작사 함현스님 ｜ 작곡 유수웅	16
거울을 닦아내듯	작사 정완영 ｜ 작곡 이무영	18
고운 님 잘 가소서	작사 정공채 ｜ 작곡 조광재	19
공심공체 둘 아닌 노래	작사 대행스님 ｜ 작곡 김동환	20
관세음보살님	작사 동호스님 ｜ 작곡 박이제	21
관세음보살찬가	작사 우학스님 ｜ 작곡 이달철	23
관세음의 노래	작사 법정스님 ｜ 작곡 김동진	25
구름 걷힌 달처럼	작사 문정희 ｜ 작곡 김회경	26
구름에 물든 절	작사 전병호 ｜ 작곡 이종만	28
귀의하옵고	작사 박이제 ｜ 작곡 박이제	30
그냥 그렇게 오신 당신	작사 황학현 ｜ 작곡 최백건	31
그렇게 오신 님	작사 함현스님 ｜ 작곡 김동환	33
그리움에 오셨는가	작사 황학현 ｜ 작곡 강주현	35
극락왕생 하옵소서	작사 우성스님 ｜ 작곡 박이제	36
기쁜 날	작사 최영철 ｜ 작곡 최영철	37

제목	작사	작곡	쪽
길을 갑니다	문정희	김동환	39
꽃으로 앉으신 님	김재진	김동환	40
꽃 피울 때까지	최백건	최백건	41
꽃향기 가득한 님	박수진	박수진	44
꿈 찾아가리라	덕신스님	이종만	46
나의 연꽃	지성스님	김용호	48
내 마음의 부처	송연경	이진구	49
너와 나	이종만	이종만	51
뉘우치오니	반영규	신귀복	52
님의 소리	덕신스님	김회경	53
님이시여	동호스님	박이제	54
당신의 미소	손정윤	최영철	56
돌고 돌려 백팔염주	함현스님	유수웅	58
마음	황학현	강주현	61
마음의 법신 성불	법륜스님	박이제	63
만가	반영규	정부기	65
만다라화	이상준	이상준	66
무상	도신스님	도신스님	68
무상계	반영규	박범훈	70
무소유의 노래	덕신스님	김회경	72
바람부는 산사	정목스님	정경천	74
발원	함현스님	김동환	75
보리심	지성스님	김회경	77
봄소식	함현스님	김동환	79
부처님께 귀의합니다	조용극	변규백	81
부처님 내게 오셨네	문정희	김동환	82
부처님 마음일세	법구경에서	황영선	84
부처님 법 안에서	김미영	김미영	85

곡명	작사	작곡	쪽
부처님 오신 날	김어수	김용호	87
부처님 오신 날	덕신스님	박범훈	88
부처님은 이르시네	정완영	김동환	90
부처님을 따르면	황학현	박이제	91
불교도의 노래	서정주	김동진	93
불자 행진곡	운문스님	김규환	95
붓다의 메아리	반영규	서창업	96
비원	자혜원	변규백	97
빛으로 돌아오소서	광덕스님	서창업	98
사박걸음으로 가오리다	나태주	조광재	99
사십구재의 노래	운문스님	김용호	101
산은 산 물은 물이로다	성철스님	박이제	102
상사디야 우리 스승	반영규	이종만	103
생명의 빛	범조스님	길옥윤	105
성도재의 노래	혜성스님	서창업	106
성불을 위하여	천양희	이달철	107
성불 이루리	법운스님	강영화	109
성불 향하여	황영선	황영선	111
아침 서곡	곽영석	서근영	112
어머니의 발원 보따리	박정희	서근영	115
얼마나 닦아야 거울 마음 닮을까	대우스님	조영근	117
연꽃 피어오르리	덕신스님	김회경	119
연꽃 향기	최동호	조원행	120
연등	선진규	김용호	121
연등 공양 올려요	김정자	이종만	122
연등 들어 밝히자	김현성	김현성	124
영혼	강주현	강주현	126
예불가	운문스님	정민섭	128

제목	작사	작곡	쪽
오늘 기쁜 날	반영규	정부기	130
오호라 꽃잎이여	정광수	라음파	132
왕생극락의 노래	정완영	김회경	133
욕망의 강	황학현	한성훈	135
우란분절	서창업	서창업	137
우리도 부처님같이	맹석분	이달철	138
이루어지이다	윤후명	최영철	139
인연의 끈	함현스님	유수웅	140
일천강에 비치는 달	정완영	이찬우	143
자비로운 나라	최영철	최영철	145
자비의 나라	반영규	김회경	147
작은 마음의 노래	정율스님	이진구	149
정례 올리고	김정빈	이상규	151
좋은 인연	덕신스님	이종만	153
죽비소리		김용호	155
지계의 노래	대행스님	김동환	156
진리의 빛	현성스님	최영철	157
차를 마시네	송연경	이진구	159
참 나를 찾아서	황청원	조광재	161
청산은 나를 보고	나옹선사	변규백	162
초파일의 노래	이청화	변규백	163
한 마음 있음이여	윤후명	김동환	165
해탈	이은희	유수웅	166
해탈의 기쁨	송운스님	오인혁	168
향심	정율스님	조영근	169
향을 사뤄 몸을 태워	나태주	김동환	171
홀로 피는 연꽃	서창업	서창업	172

의식곡

- 집회가
- 삼귀의
- 보현행원
- 청법가
- 새 법우 환영가
- 사홍서원
- 산회가

집회가

Original Key : F Major

운문스님 작사
정민섭 작곡

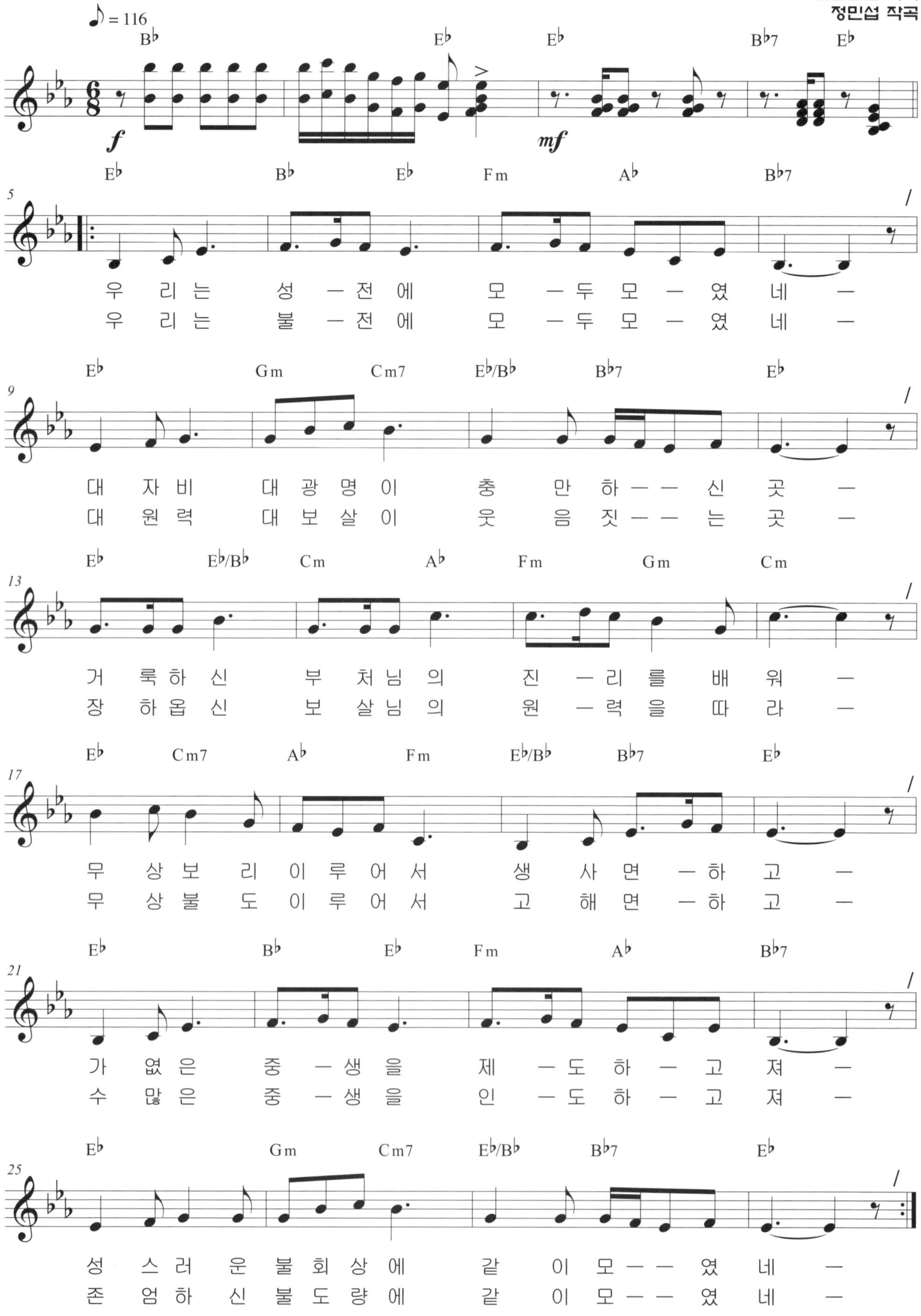

Original Key : G Major

삼 귀 의

최영철 작곡

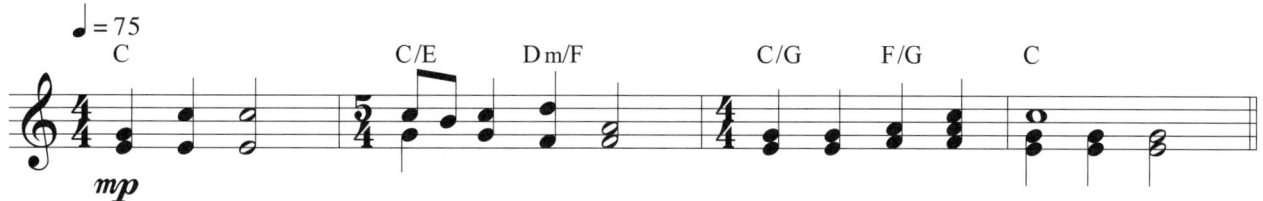

거룩한 부처님께 귀의합니다

거룩한 가르침에 귀의합니다

거룩한 스님들께 귀의합니다

Original Key : C Minor

보현행원

운문스님 작사
정민섭 작곡

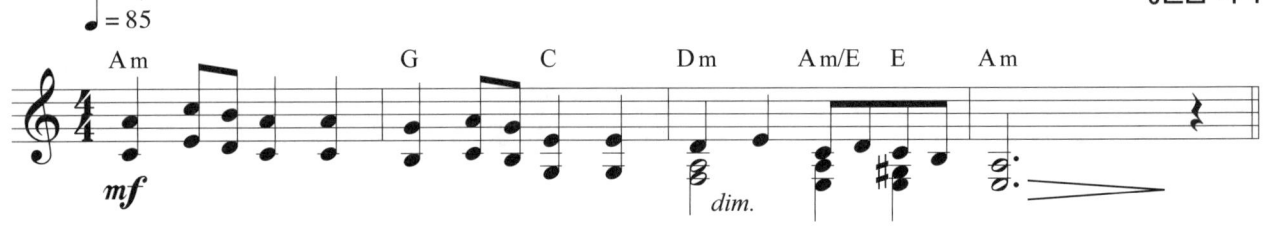

내 이제 두 손 모아 청하옵나니
내 이제 엎드려서 원하옵나니

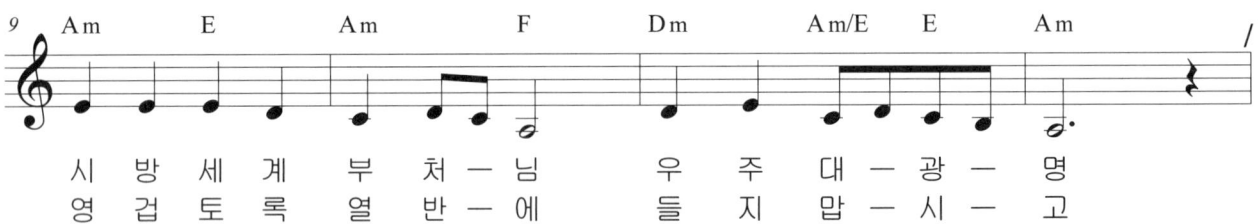

시방세계 부처님 우주 대광명
영겁토록 열반에 들지 마시고

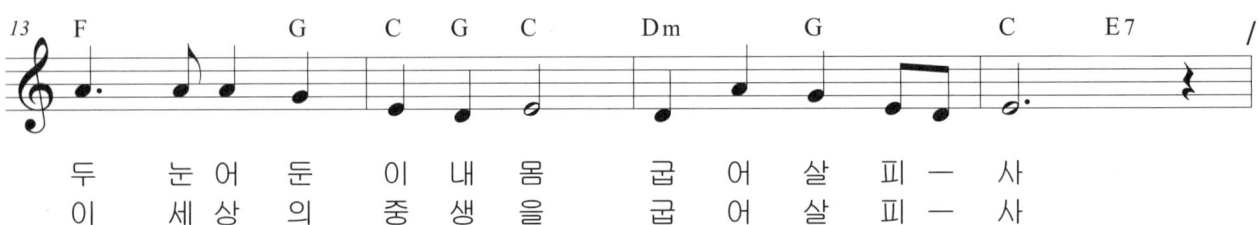

두 눈 어둔 이 내 몸 굽어 살피사
이 세상의 중생을 굽어 살피사

위없는 대법문을 널리 여소서
삼계화택 심한 고난 구원하소서

허공계와 중생계가 다할지라도

오늘 세운 이 서원은 끝없아오리

Original Key : F Major

청 법 가

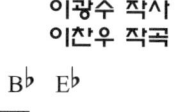

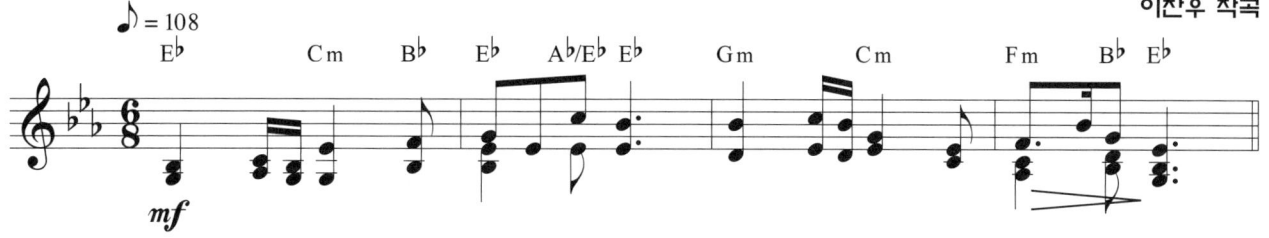

덕 높—으 신 스—승 님 사 자—좌 에 오 르 사 — —

사 자—후 를 합—소 서 감 로—법 을 주—소 서

옛 인 연 을 이 어 서 새 인 연 을 맺 — 도 록

대 자—비 를 베—푸 사 법 을—설 하 옵—소 서

새 법우 환영가

Original Key : Bb Major

정다운 작사
서창업 작곡

부처님의 은덕으로 참— 나를 찾으니
사바연에 시달린몸 다— 벗어던지고
먼길이나 험한길도 다— 같이 도우며

오늘부터 온— 우주의 주인이되었네
내님따라 깊— 은곳에 알몸으로와서
우리들은 형— 제자매 손잡고갑시다

어진맘과 참된힘을 다— 바쳐줄 법우들
그립던 님품에안겨 한— 마— 음 얻으니
서로서로 사랑하고 서로 용— 서 하면은

한겨레의 짙— 은피로 보련화피우세
세세생생 인— 연되어 잠들게하소서
사바세계 이— 대로가 극락— 이라네

사홍서원

Original Key : F Major

최영철 작곡

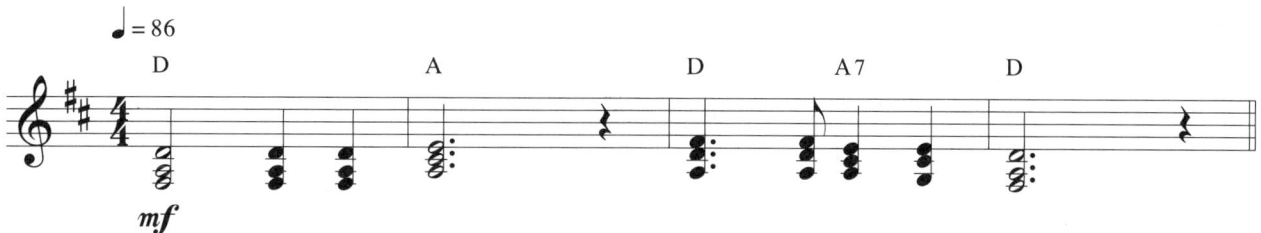

중생을 다 건지오리다

번뇌를 다 끊으오리다

법문을 다 배우오리다

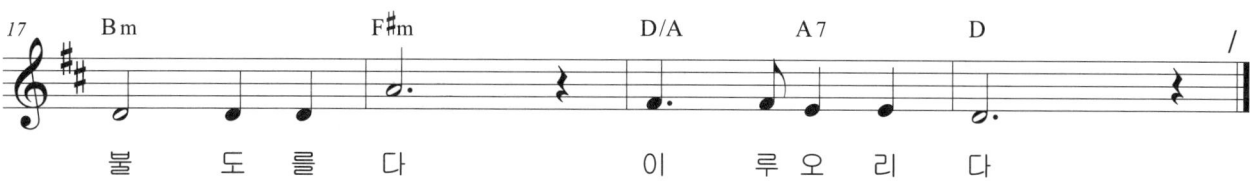
불도를 다 이루오리다

Original Key : F Major

산회가

운문스님 작사
정민섭 작곡

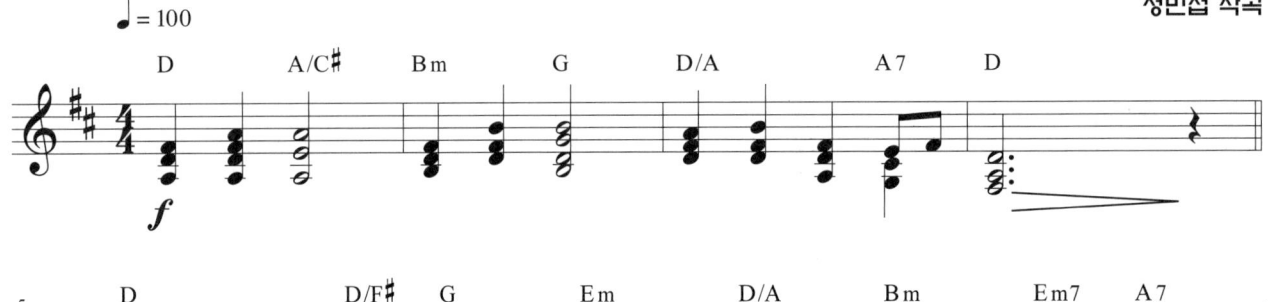

몸 은 비 — 록 이 자 리 에 서 헤 어 — 지 지 만

마 음 — 은 언 제 라 도 떠 나 — 지 마 세

거 룩 하 신 부 처 님 항 상 모 시 고

오 늘 배 — 운 높 은 법 문 깊 이 — 새 겨 서

다 음 날 반 갑 게 한 맘 한 뜻 으 로

부 처 님 의 성 전 — 에 다 시 만 나 — 세

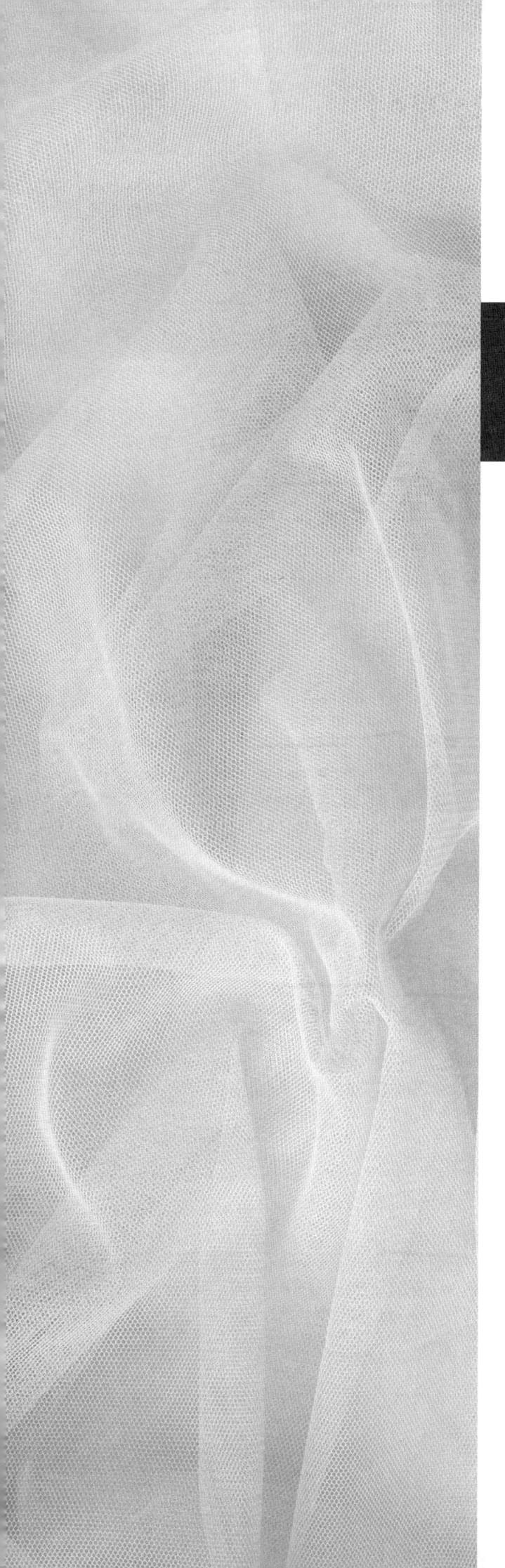

찬불가곡

· 가나다순

Original Key : Eb Major

가시는 길 옆에서

김정자 작사
강주현 작곡

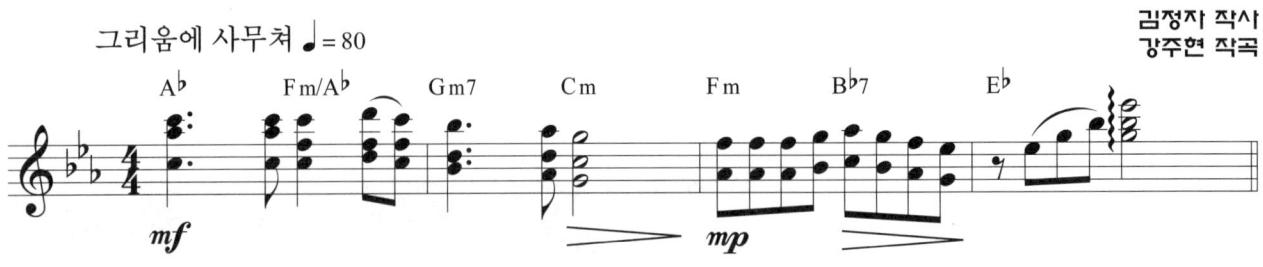

오 늘 도 — 변 함 없 — 이 해 가 뜨 고 꽃 이 피 는 데
오 늘 도 — 어 제 처 — 럼 달 이 지 고 잎 이 지 는 데

당 신 잃 은 — 내 — 마 음 엔 굳 은 비 만 내 립 니 — 다
우 리 들 의 — 마 — 음 — 엔 안 개 비 만 내 립 니 — 다

정 다 웠 던 그 모 습 이 이 렇 게 — 선 연 한 — 데
애 타 는 — 눈 물 — 이 내 가 슴 을 도 려 내 — 도

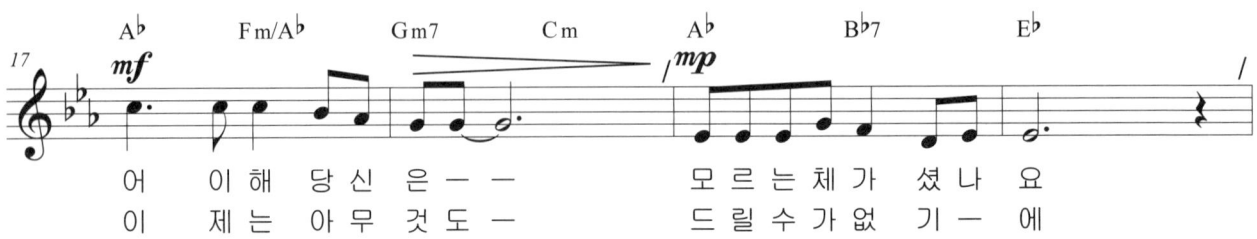

어 이 해 당 신 은 — — — 모 르 는 체 가 셨 나 요
이 제 는 아 무 것 도 — 드 릴 수 가 없 기 — 에

Original Key : D Minor

가을 무상

함현스님 작사
김동환 작곡

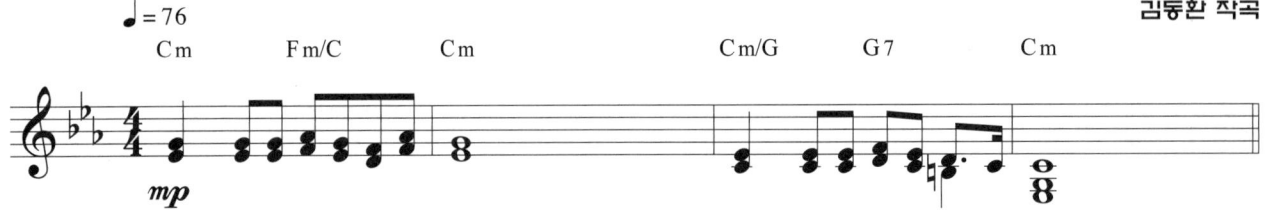

소 슬한 가을 바 — 람　　뜰 — 가득 싸늘한 — 데
산 마루 흰 구름 — 은　　흩어졌다 모여들 — 고

향 기로운 울밑 국 — 화　　서리 반쯤 맞 — 았 — 네　가 —
저 기러기 물결 위 — 에　　왔 다 갔 다 바 — 쁘 — 네　무 —

엽　다 손 내밀어　　꺾어 주 는 이 없으니　　흐 드
상　하다 인생이　　시리 도 록 사무쳐야　　하늘

러　진 가지 끝에　　실어 가 는 꽃 — 향 — 기　물 가
가　흰 달 보면서　　저 물 래 웃는다 — 네

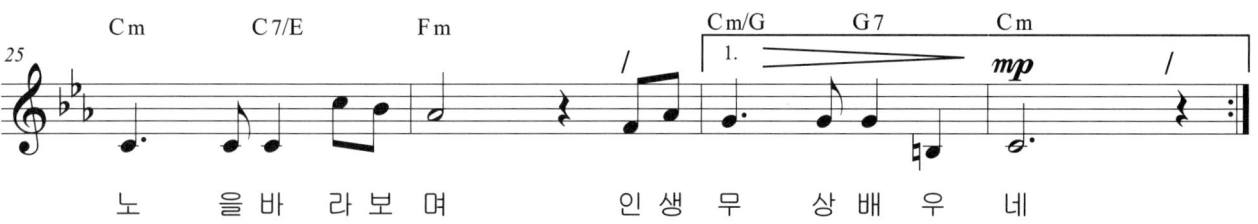

가지산 물소리

Original Key : G Major

김성춘 작사
정홍근 작곡

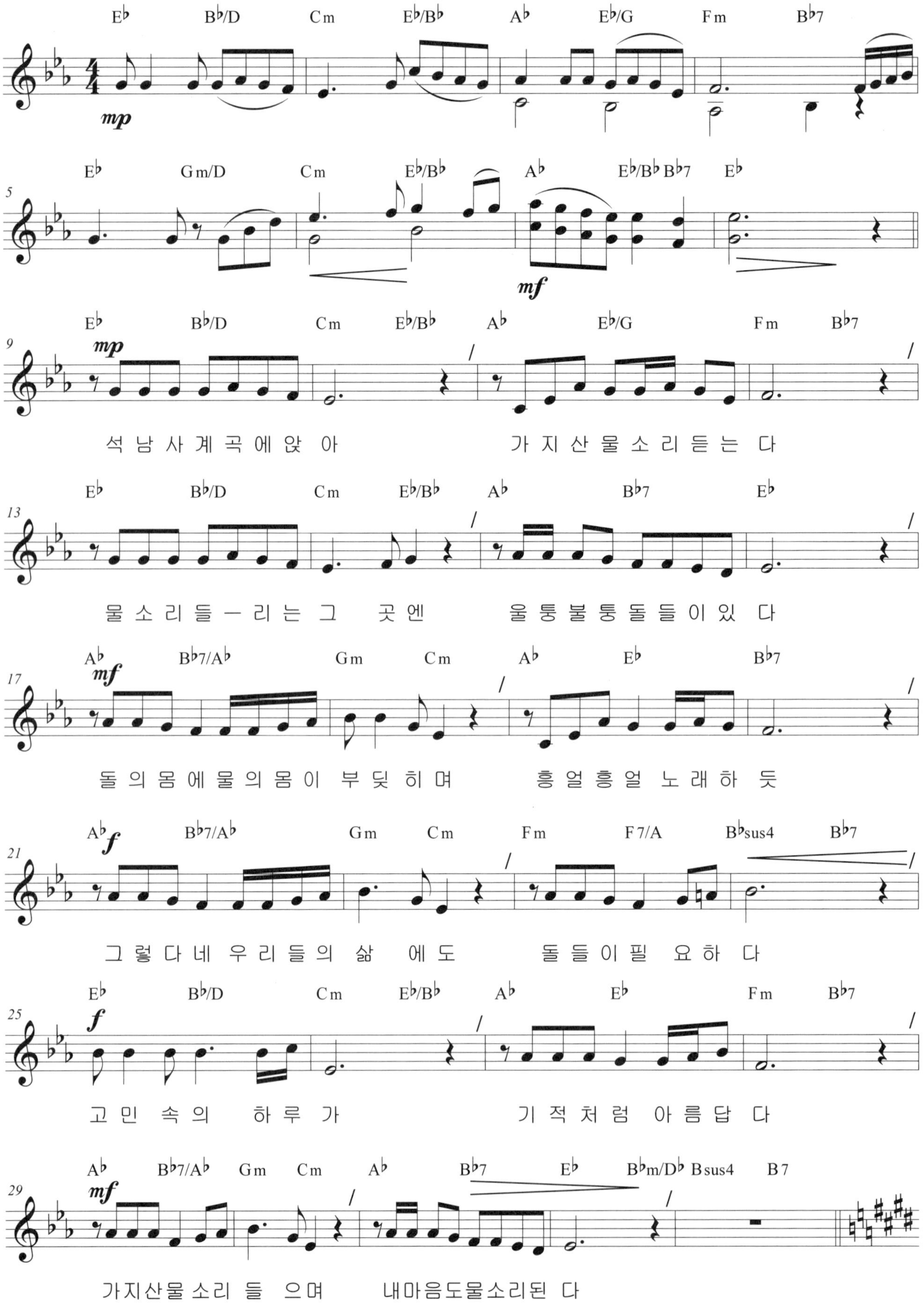

강녕하소서

Original Key : Bb Major

함현스님 작사
유수웅 작곡

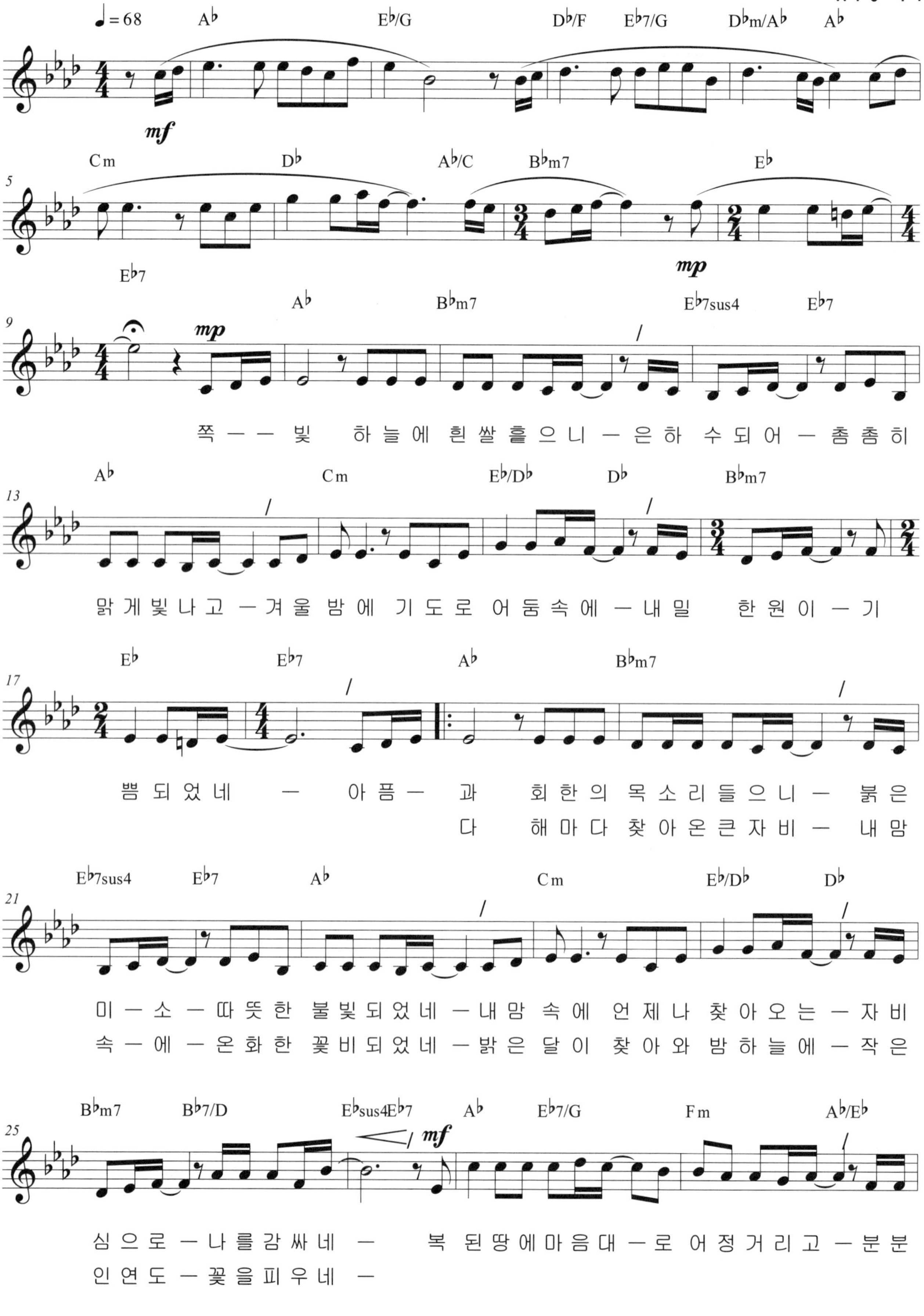

거울을 닦아내듯

Original Key : G Major

정완영 작사
이무영 작곡

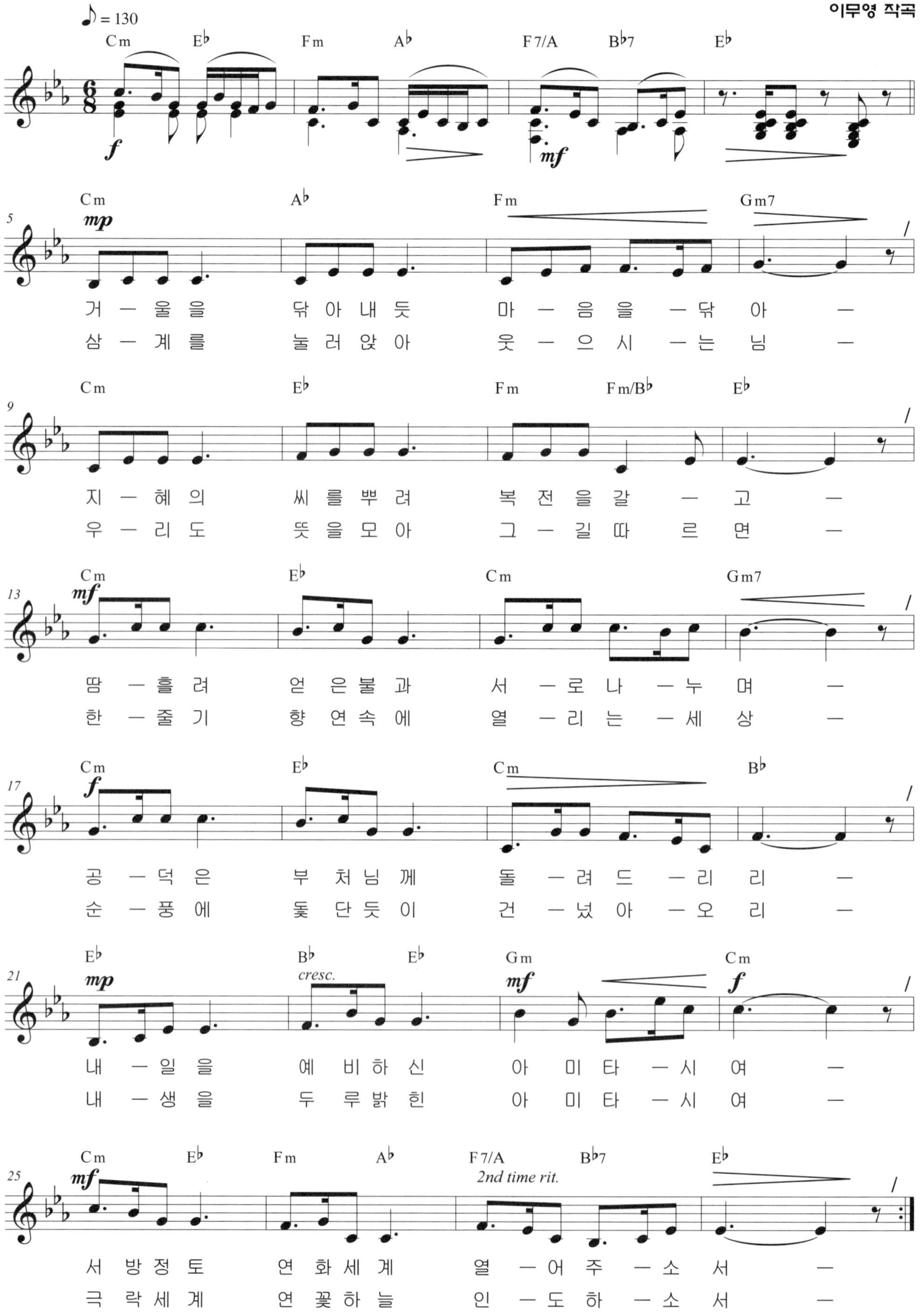

거-울을 닦아내듯 마-음을-닦아-
삼-계를 눌러앉아 웃-으시-는님-

지-혜의 씨를뿌려 복전을갈-고-
우-리도 뜻을모아 그-길따르면-

땀-흘려 얻은불과 서-로나-누며-
한-줄기 향연속에 열-리는-세상-

공-덕은 부처님께 돌-려드-리리-
순-풍에 돛단듯이 건-넜아-오리-

내-일을 예비하신 아미타-시여-
내-생을 두루밝힌 아미타-시여-

서방정토 연화세계 열-어주-소서-
극락세계 연꽃하늘 인-도하-소서-

Original Key : Eb Major

고운 님 잘 가소서

고운님잘가소서[이조]

정공채 작사
조광채 작곡

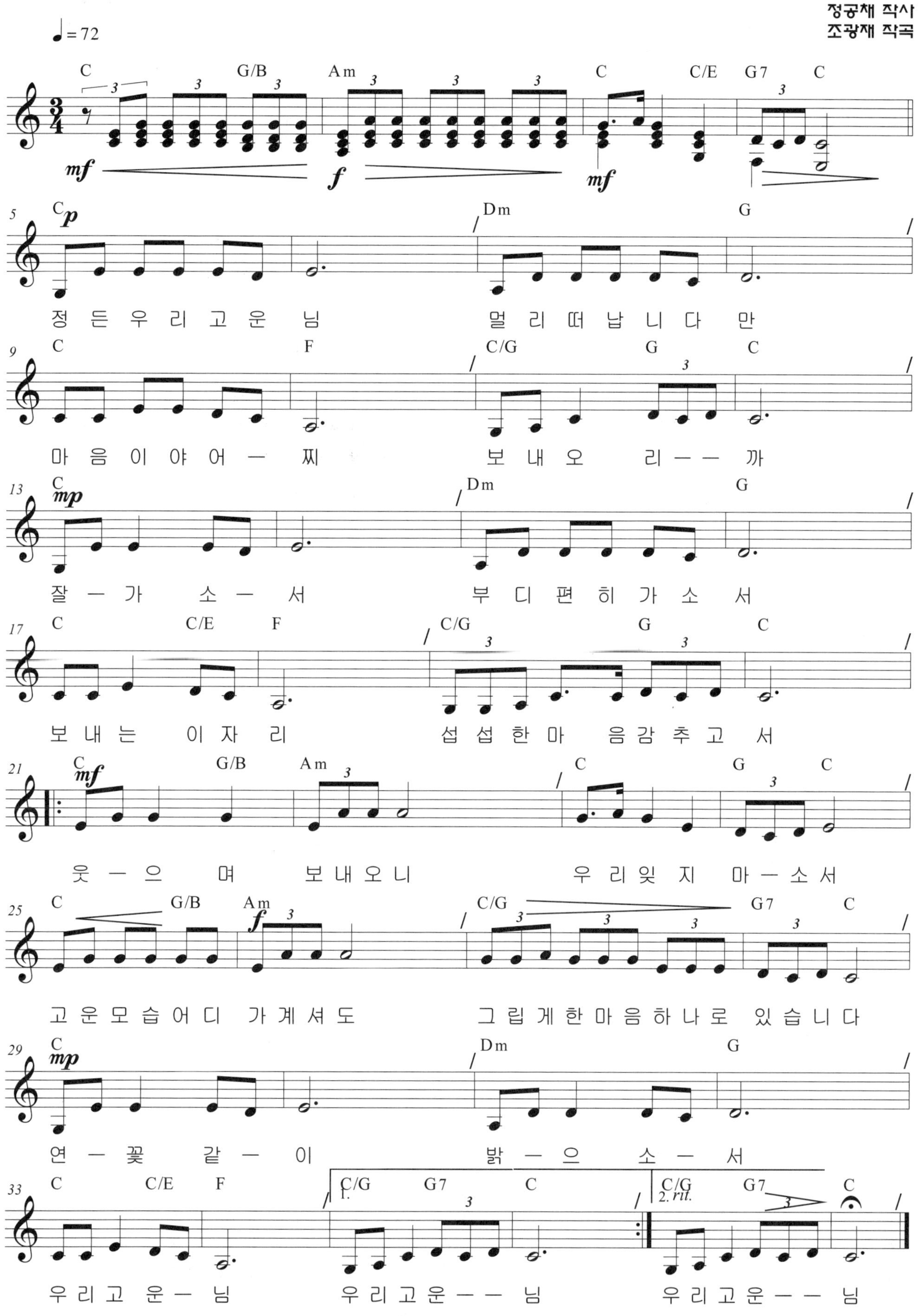

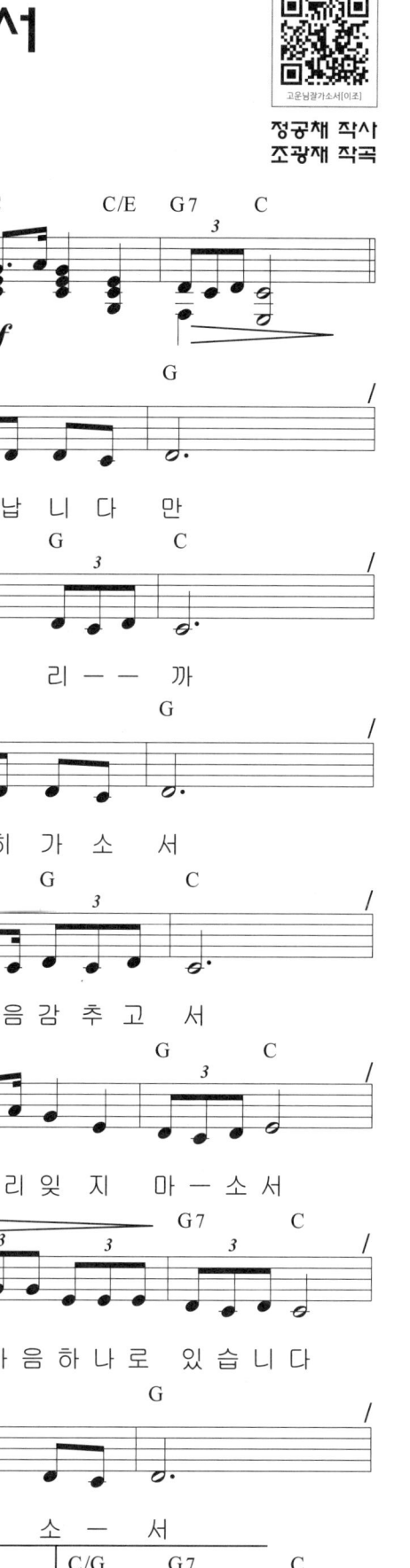

공심공체 둘 아닌 노래

Original Key : D Minor

대행스님 작사
김동환 작곡

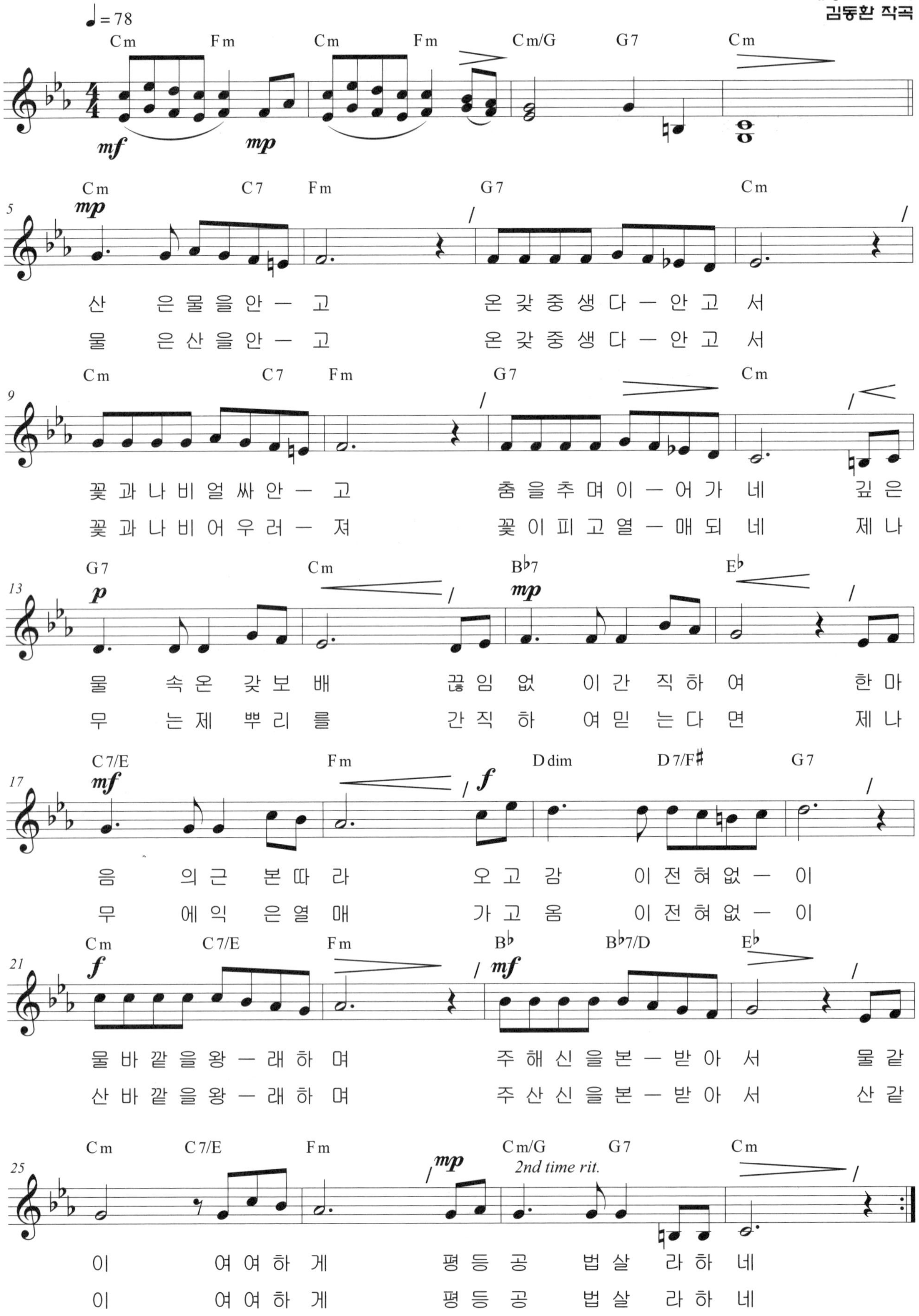

산 은 물을 안 — 고 온 갖 중생 다 — 안고 서
물 은 산을 안 — 고 온 갖 중생 다 — 안고 서

꽃과 나비 얼싸 안 — 고 춤을 추며 이 — 어 가 네 깊은
꽃과 나비 어우러 — 져 꽃이 피고 열 — 매 되 네 제 나

물 속 온 갖 보배 끊임 없 이 간 직 하 여 한 마
무 는 제 뿌 리 를 간 직 하 여 믿 는 다 면 제 나

음 의 근 본 따라 오고 감 이 전혀 없 — 이
무 에 익 은 열 매 가고 옴 이 전혀 없 — 이

물 바깥을 왕 — 래 하며 주해신을 본 — 받 아 서 물같
산 바깥을 왕 — 래 하며 주산신을 본 — 받 아 서 산같

이 여 여 하 게 평등 공 법 살 라 하 네
이 여 여 하 게 평등 공 법 살 라 하 네

Original Key : Eb Major

관세음보살님

동호스님 작사
박이제 작곡

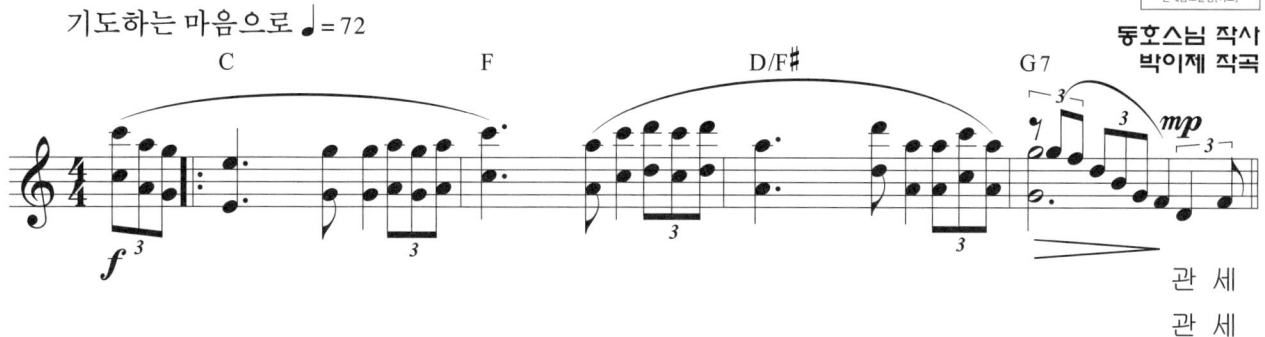

음 보—살 님 자비하 신 어버이시여 이도량
음 보—살 님 대자대 비 어버이시여 이가정

에도 밝—아 오사 저희늘의 공양 받아주 소서 머—리
에도 밝—아 오사 저희들의 공양 받아주 소서 마—음

의 둥근광 명 관세음 보살님이시여 찬—란
의 영원광 명 관세음 보살님이시여

한 구슬광—명의 관세음 보살님이시여 원하옵

관세음보살찬가

Original Key : C Minor

우학스님 작사
이달철 작곡

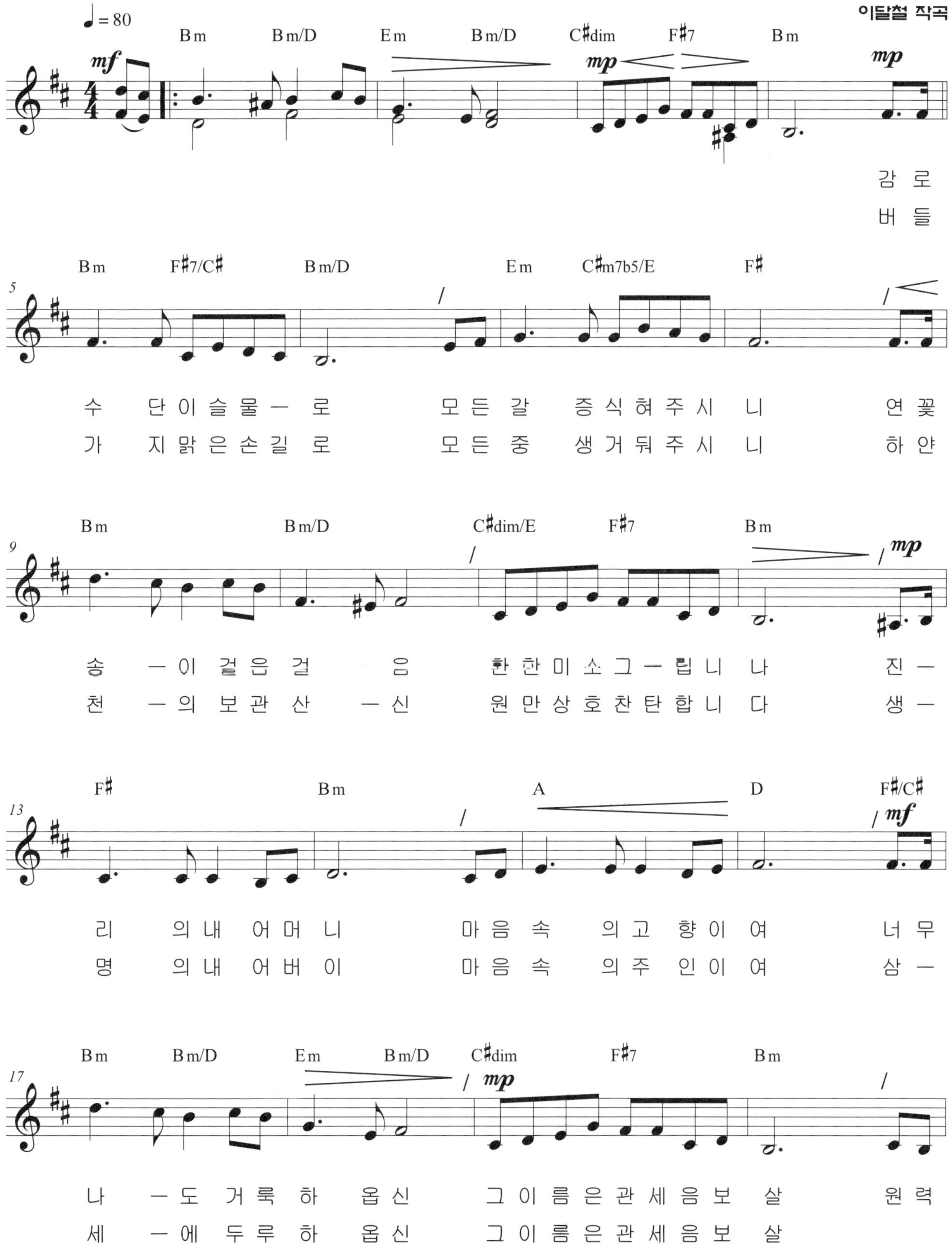

♩=80

감 로
버 들

수 단 이슬 물 — 로   모든 갈 증 식혀 주 시 니   연 꽃
가 지 맑은 손 길 로   모든 중 생 거둬 주 시 니   하 얀

송 — 이 걸음 걸 음   환한 미 소 그 립 니 다   진 —
천 — 의 보관 산 — 신   원만 상 호 찬 탄 합 니 다   생 —

리 의 내 어머 니   마음 속   의 고 향 이 여   너 무
명 의 내 어버 이   마음 속   의 주 인 이 여   삼 —

나 — 도 거룩하 옵 신   그 이름은 관세음보 살   원 력
세 — 에 두루하 옵 신   그 이름은 관세음보 살

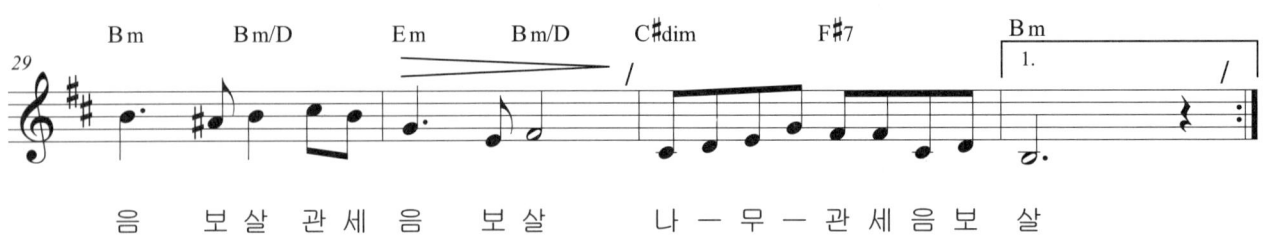

관세음의 노래

Original Key : G Major

법정스님 작사
김동진 작곡

조금 느리고 경건하게 ♩=72

삼 — 계의 중 — 생 — 을 천 안으로 살 — 피시고
임 — 이여 나투소서 그 모습 — 보 — 이소서
우리에게 있 — 는 것을 베 풀게 — 하 — 옵소서

고 — 해의 중 — 생 — 을 천수로써건지시 는
어 — 두운 이세상 — 에 그 — 모습보이소 서
이웃 끼 리 사 랑하 — 고 서로돕고보살피 며

자 비하 신 관 세음 — 보 살님께 귀의하오니 —
목 마른 — 중 생에게 감 로수를 내리시 — 고 —
이 세상이 평 화로운 극 락세계 되 — 도 — 록 —

저 희들의 어린마 — 음 거 — 두어주옵소 서
길 잃은 — 중생에게 바 른길을열으소 서
우 리모두 보 — 살 — 의 서른두몸되오리 다

<느리게>

나 무구고구난 관세 — 음 — 보살 나무대자대비 관세 — 음 — 보살

Original Key : D Minor

구름 걷힌 달처럼

문정희 작사
김회경 작곡

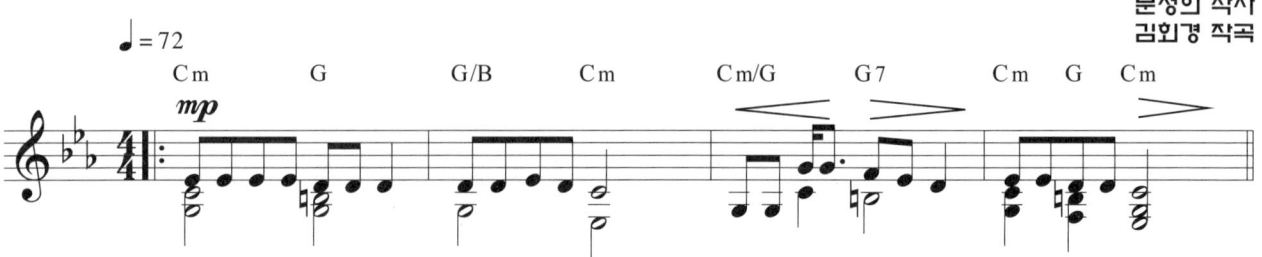

부처님전 조용히 눈을 감으면 나도몰래 눈물이 솟아납니다
부처님전 조용히 무릎꿇으면 나도몰래 눈물이 솟아납니다

아침저녁 마음모아 기도했지만 돌아서면 욕심에 눈이어두워
아침저녁 마음모아 합장했건만 돌아서면 성낸마음 끊임이없이

흔들리고 헤매인죄 태산입니다 흔들리고 헤매인죄 태산입니다
원망하고 미워한죄 태산입니다 원망하고 미워한죄 태산입니다

구름에 물든 절

Original Key : D Minor

전병호 작사
이종만 작곡

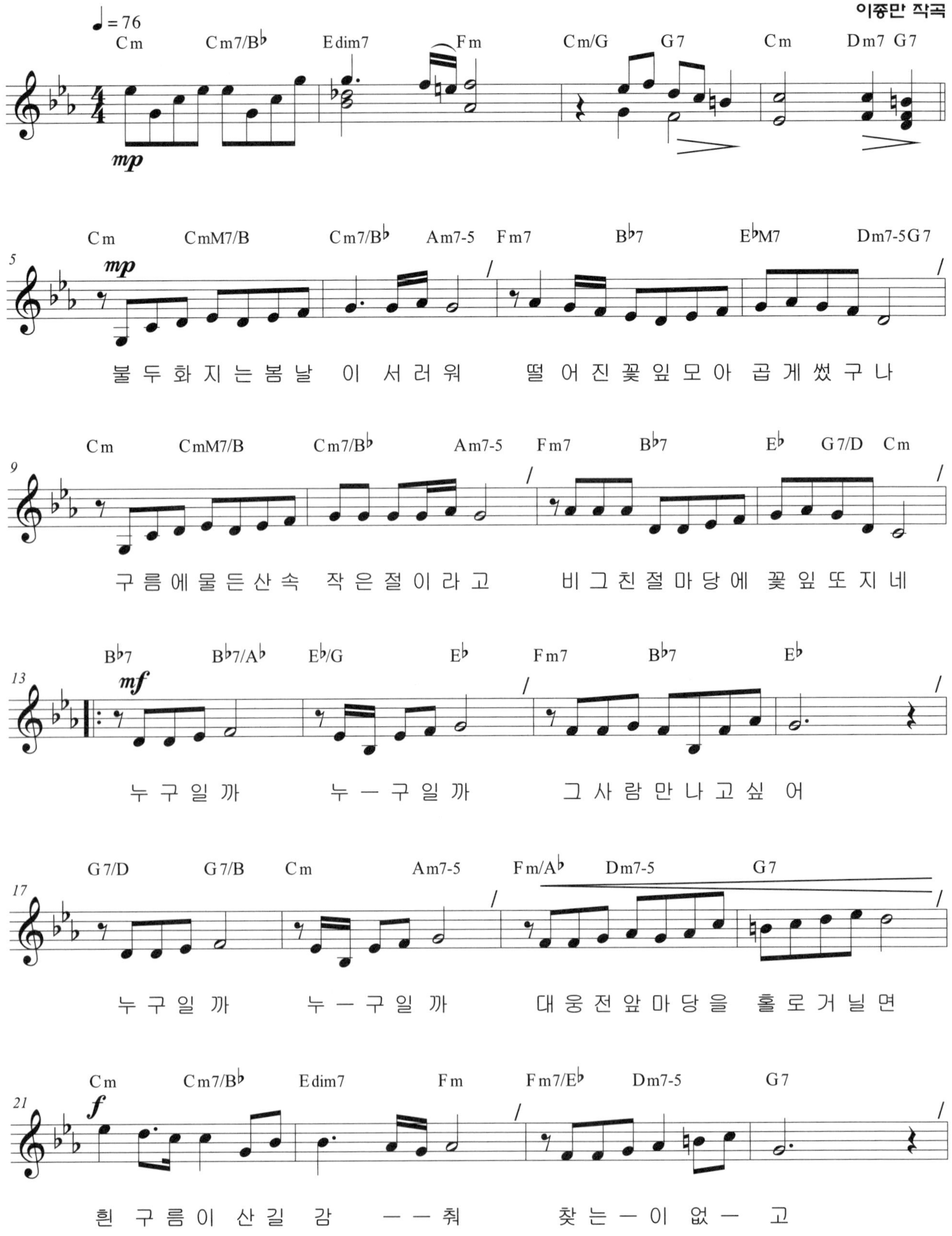

불두화 지는 봄날 이 서러워 떨어진 꽃잎 모아 곱게 썼구나

구름에 물든 산 속 작은 절이라고 비 그친 절마당에 꽃잎 또 지네

누구일까 누—구일까 그 사람 만나고 싶어

누구일까 누—구일까 대웅전 앞마당을 홀로 거닐면

흰 구름이 산길 감— —춰 찾는—이 없—고

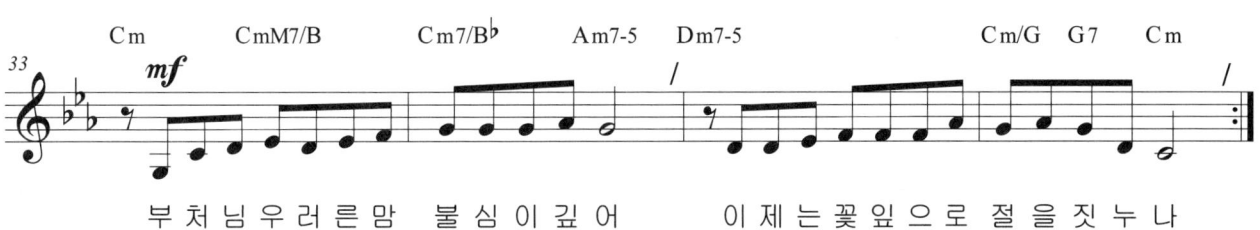

귀의하옵고

Original Key : Db Major

박이제 작사
박이제 작곡

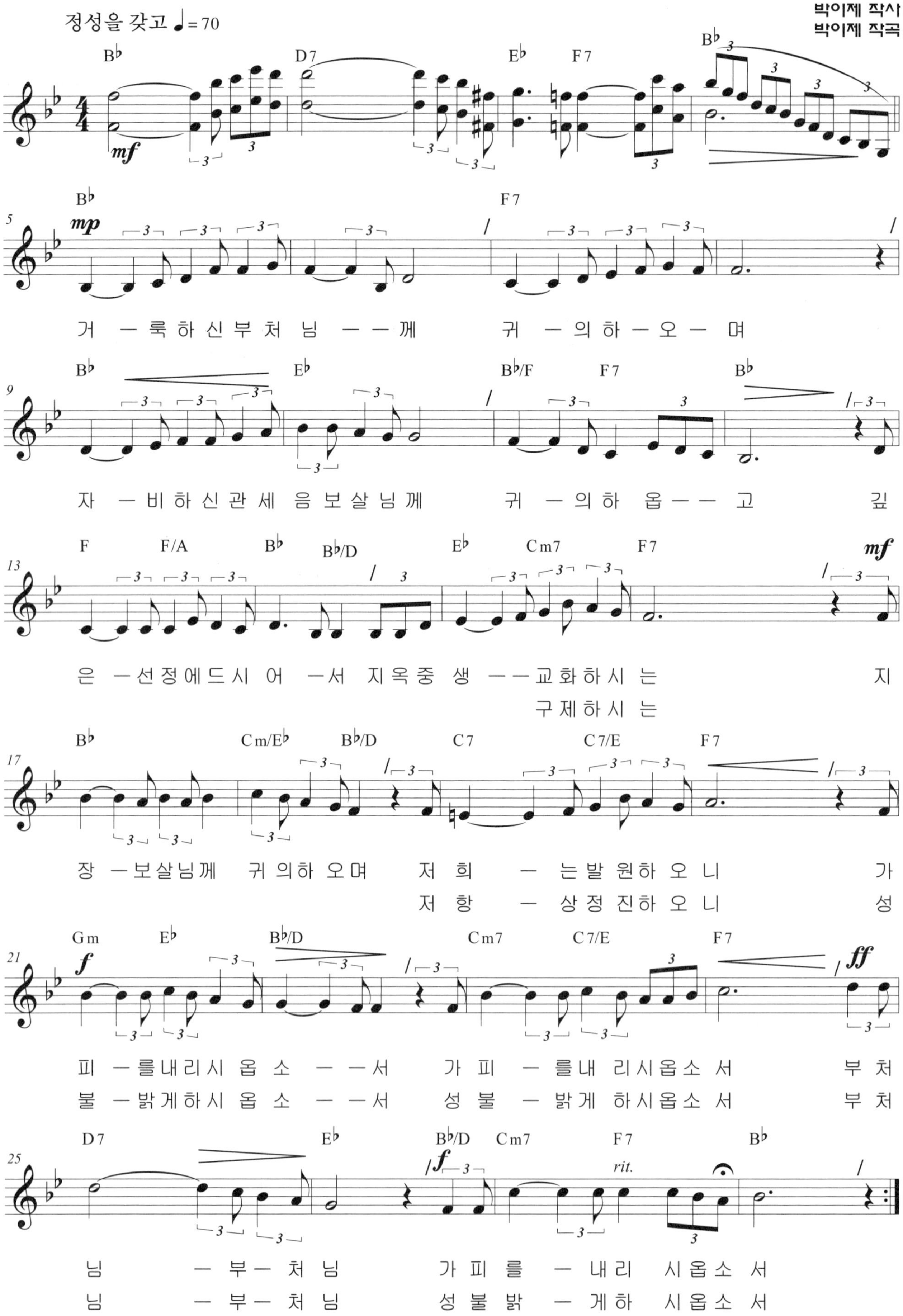

정성을 갖고 ♩=70

거 — 룩하신부처 님 — — 께   귀 — 의하 — 오 — 며
자 — 비하신관세 음보살 님께   귀 — 의하옵 — — 고   깊
은 — 선정에드시어 — 서 지옥중생 — — 교화하시 는   지
　　　　　　　　　　　　　　　　구제하시 는
장 — 보살님께 귀의하오며   저희 — 는발원하오 니   가
　　　　　　　　　　　　저항 — 상정진하오 니   성
피 — 를내리시옵 소 — — 서   가피 — 를내 리시옵소서   부처
불 — 밝게하시옵 소 — — 서   성불 — 밝게 하시옵소서   부처
님 — 부 — 처 님   가피를 — 내리 시옵소서
님 — 부 — 처 님   성불밝 — 게하 시옵소서

그냥 그렇게 오신 당신

Original Key : A Minor

황학현 작사
최백건 작곡

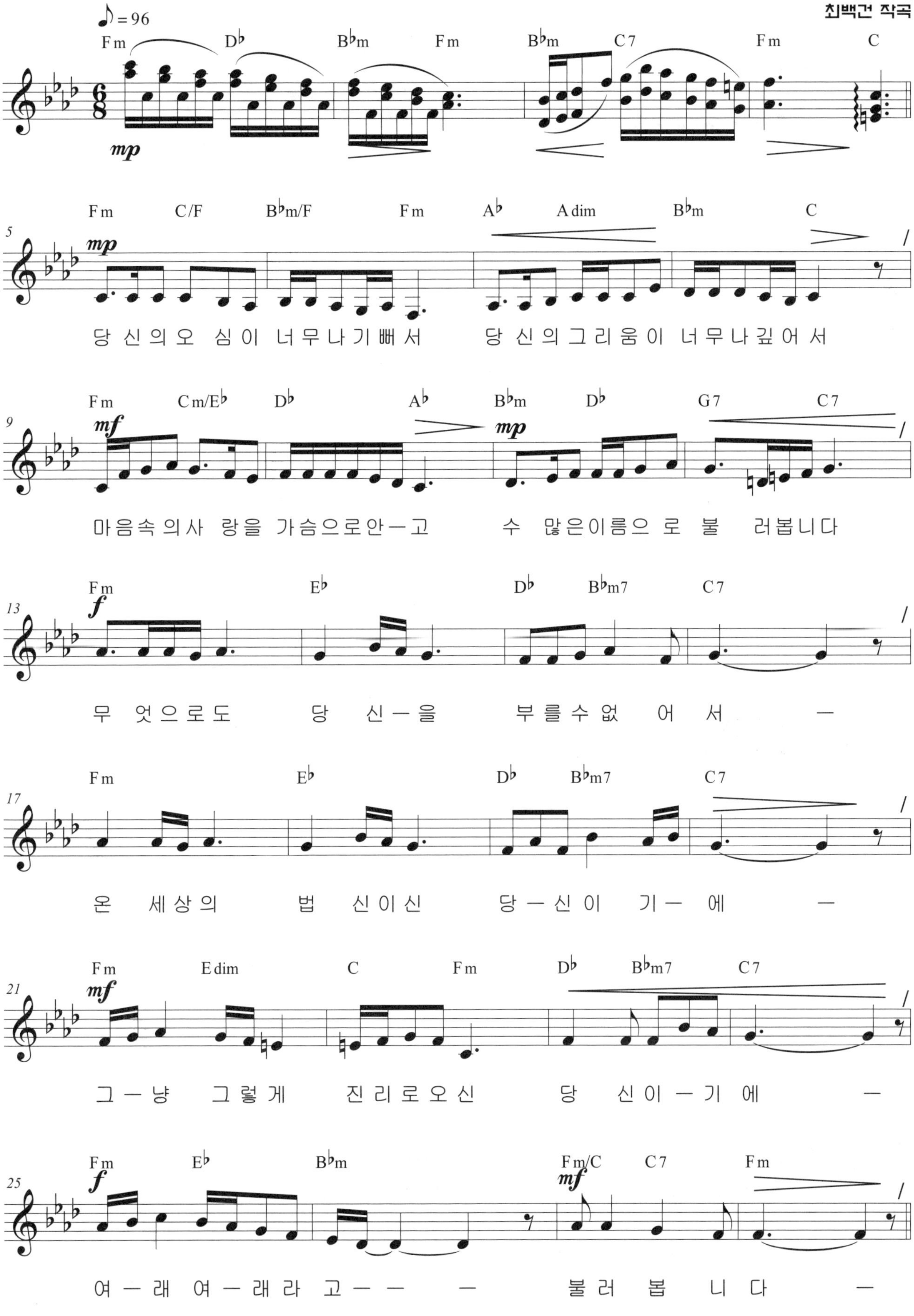

당신의 오심이 너무나 기뻐서
당신의 그리움이 너무나 깊어서
마음속의 사랑을 가슴으로 안—고
수 많은 이름으로 불 러봅니다
무 엇으로도 당 신—을 부를 수 없 어 서 —
온 세상의 법 신이신 당—신이 기—에 —
그—냥 그렇게 진리로오신 당 신이—기에 —
여—래 여—래라고— — 불러 봅 니 다 —

그렇게 오신 님

Original Key : D Minor

함현스님 작사
김동환 작곡

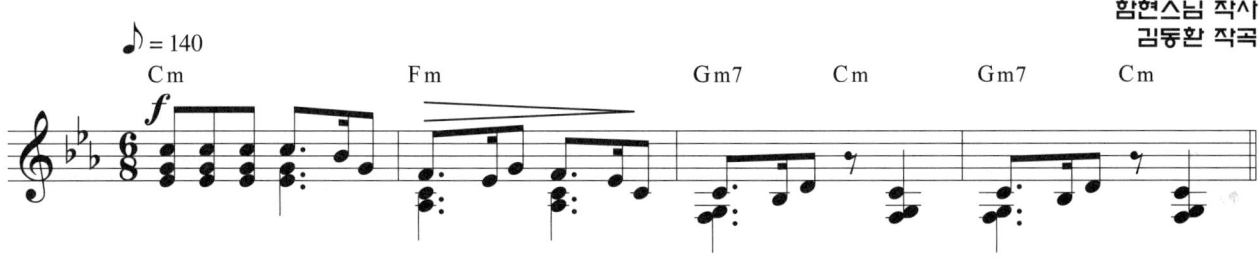

등불 같은 — 봄 — — 날 — 의 강 — 이요 강 — 이요
꽃 — 마다 — 문 — — 수 — 의 웃음이요 웃음이요
어 느 가람에 어 — 느가람에 나 투셨나 나 투셨나

향불 같은 — 사 — — 월 — 의 아침이니 아침이니
풀잎 마다 — 관음의 눈 — 물 눈물이네 눈물이네
어 느 마음에 님 이오시 는가 오시는가 오시는가

일천 강 — 의 밝 — 은 달이 떠 오르니 떠 오르니
무 — 엇 — 을 숨 — 기려고 감 — 출수 있 — 으랴
빛 을 쫓 — 아 봄 — 이오듯 꽃은피고 꽃은피고

그리움에 오셨는가

Original Key : F Minor

황학현 작사
강주현 작곡

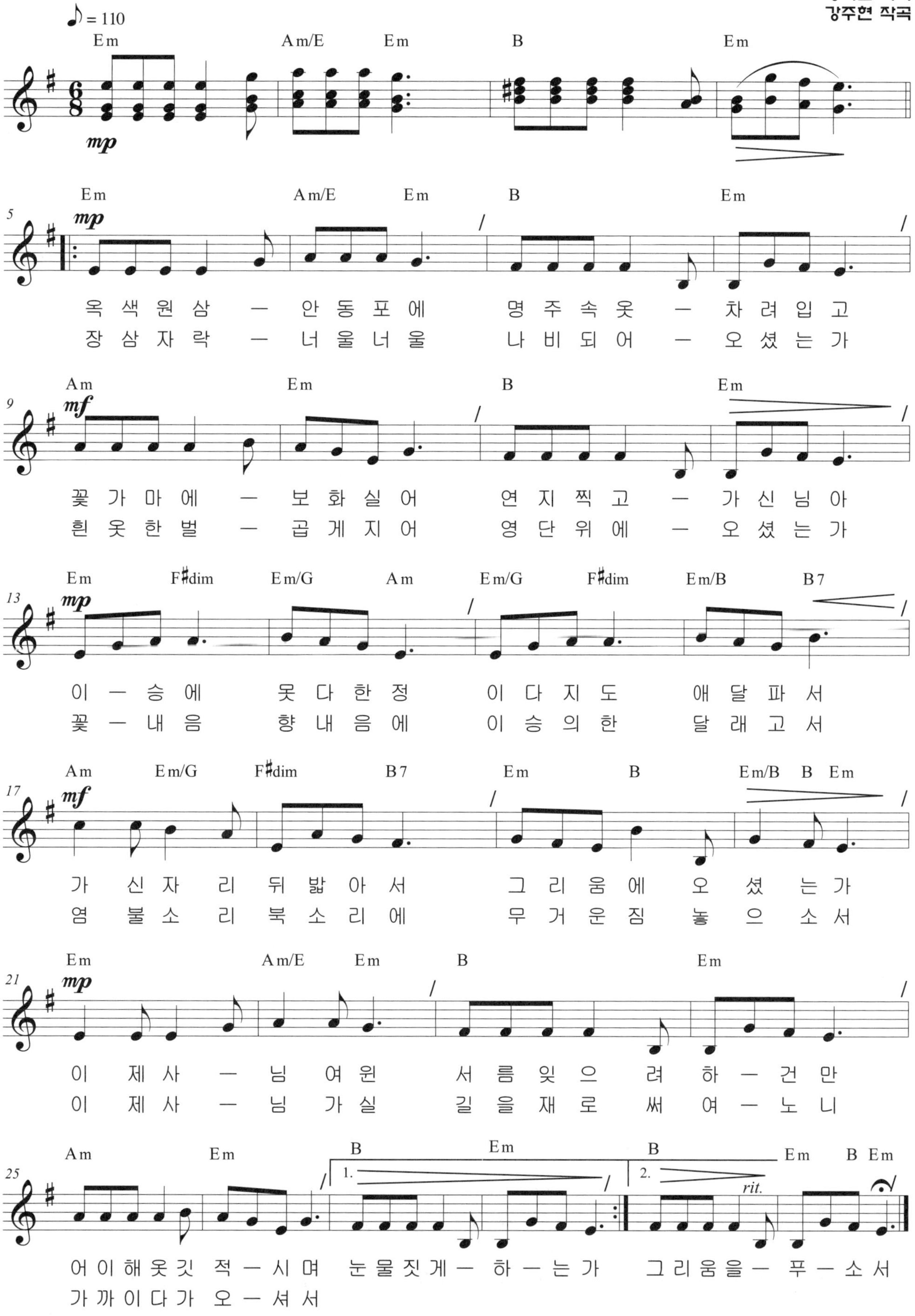

옥색원삼 — 안동포에 명주속옷 — 차려입고
장삼자락 — 너울너울 나비되어 — 오셨는가
꽃가마에 — 보화실어 연지찍고 — 가신님아
흰옷한벌 — 곱게지어 영단위에 — 오셨는가
이 — 승에 못다한정 이다지도 애달파서
꽃 — 내음 향내음에 이승의한 달래고서
가신자리 뒤밟아서 그리움에 오셨는가
염불소리 북소리에 무거운짐 놓으소서
이제사 — 님 여읜 서름잊으려 하 — 건만
이제사 — 님 가실 길을재로 써여 — 노니
어이해옷깃 적 — 시며 눈물짓게 — 하 — 는가 그리움을 — 푸 — 소서
가까이다가 오 — 셔서

극락왕생 하옵소서

Original Key : D Minor

우성스님 작사
박이제 작곡

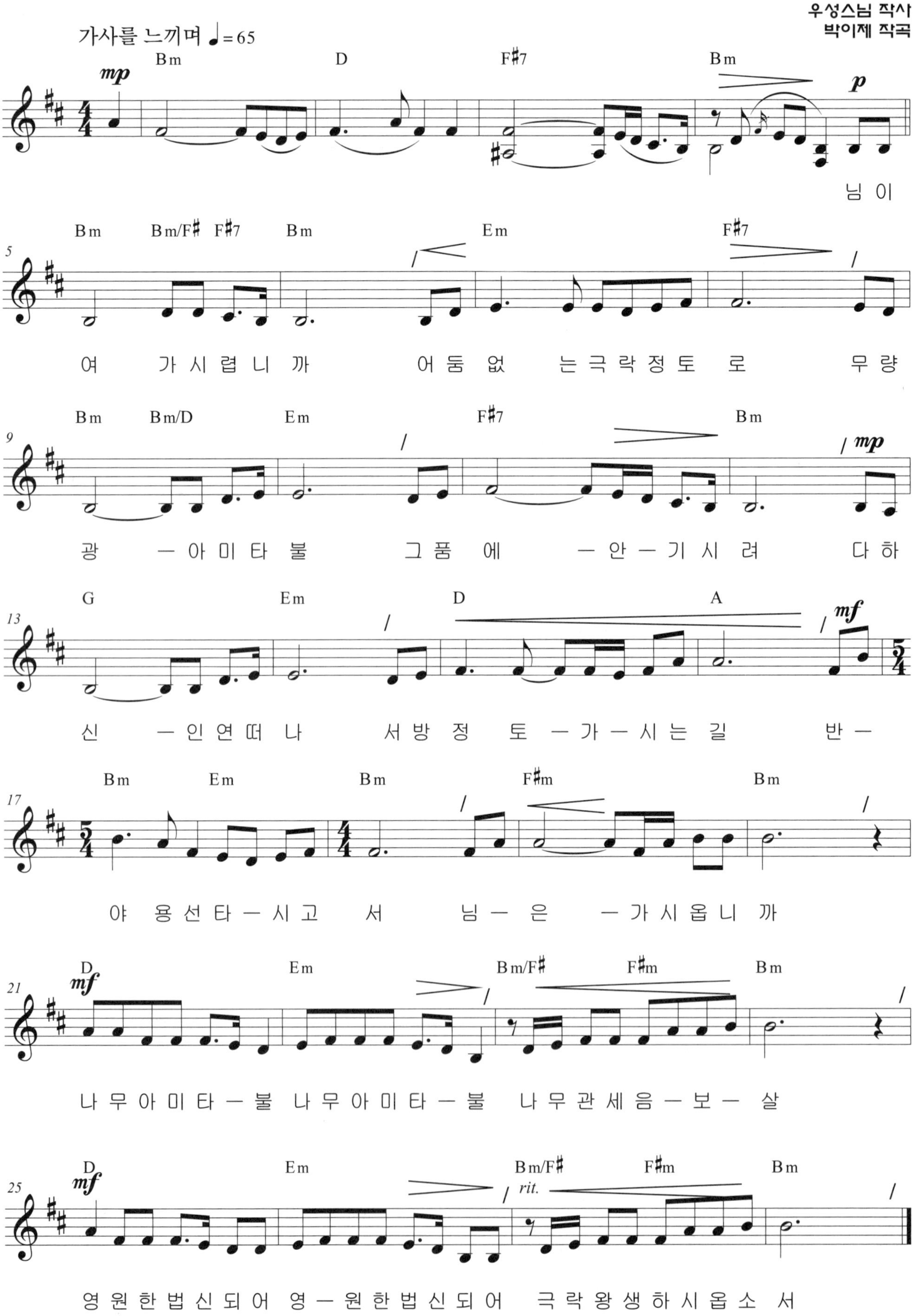

가사를 느끼며 ♩=65

님이 여 가시렵니까 어둠없 는극락정토 로 무량 광 — 아미타불 그 품에 — 안 — 기시려 다하 신 — 인연떠나 서방정 토 — 가 — 시는 길 반 — 야 용선타 — 시고 서 님 — 은 — 가시옵니까

나 무 아 미 타 — 불 나 무 아 미 타 — 불 나 무 관 세 음 — 보 — 살

영원한법신되어 영 — 원한법신되어 극락왕생하시옵소 서

기쁜 날

Original Key : F Major

최영철 작사
최영철 작곡

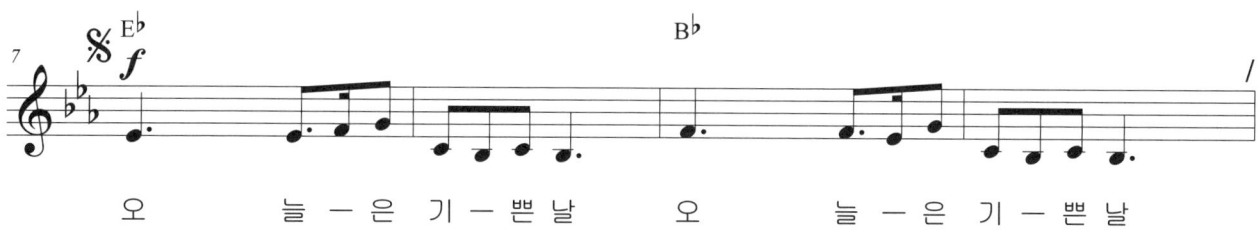

오 늘—은 기—쁜날 오 늘—은 기—쁜날

마 음이 마 —음이 활짝활——짝 열린날—
가 슴이 기 —슴이 활짝활——짝 열린날—

촛불도 켜—놓고 향—불——도— 사르고
깨끗한 맘—으로 부처말——씀— 우러보는

부 처님 앞 —에서 축복축——복 받는날—
부 처님 앞 —에서 법회법——회 보는날—

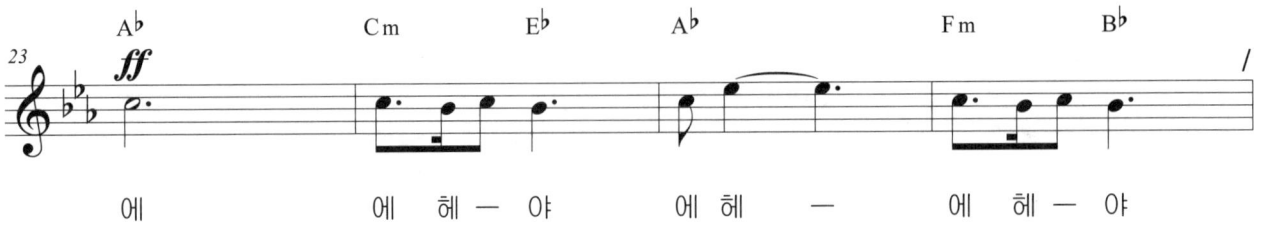

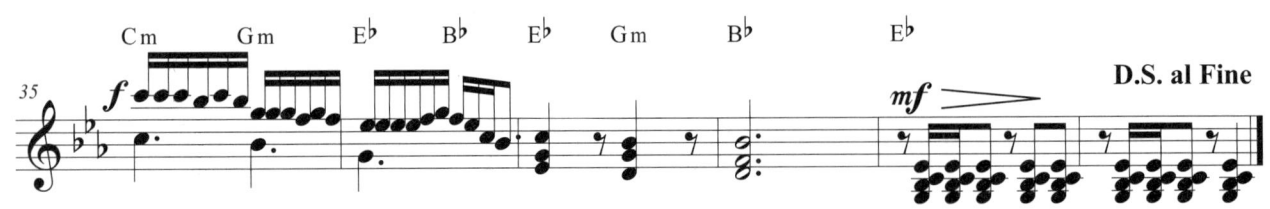

길을 갑니다

Original Key : D Minor

문정희 작사
김동환 작곡

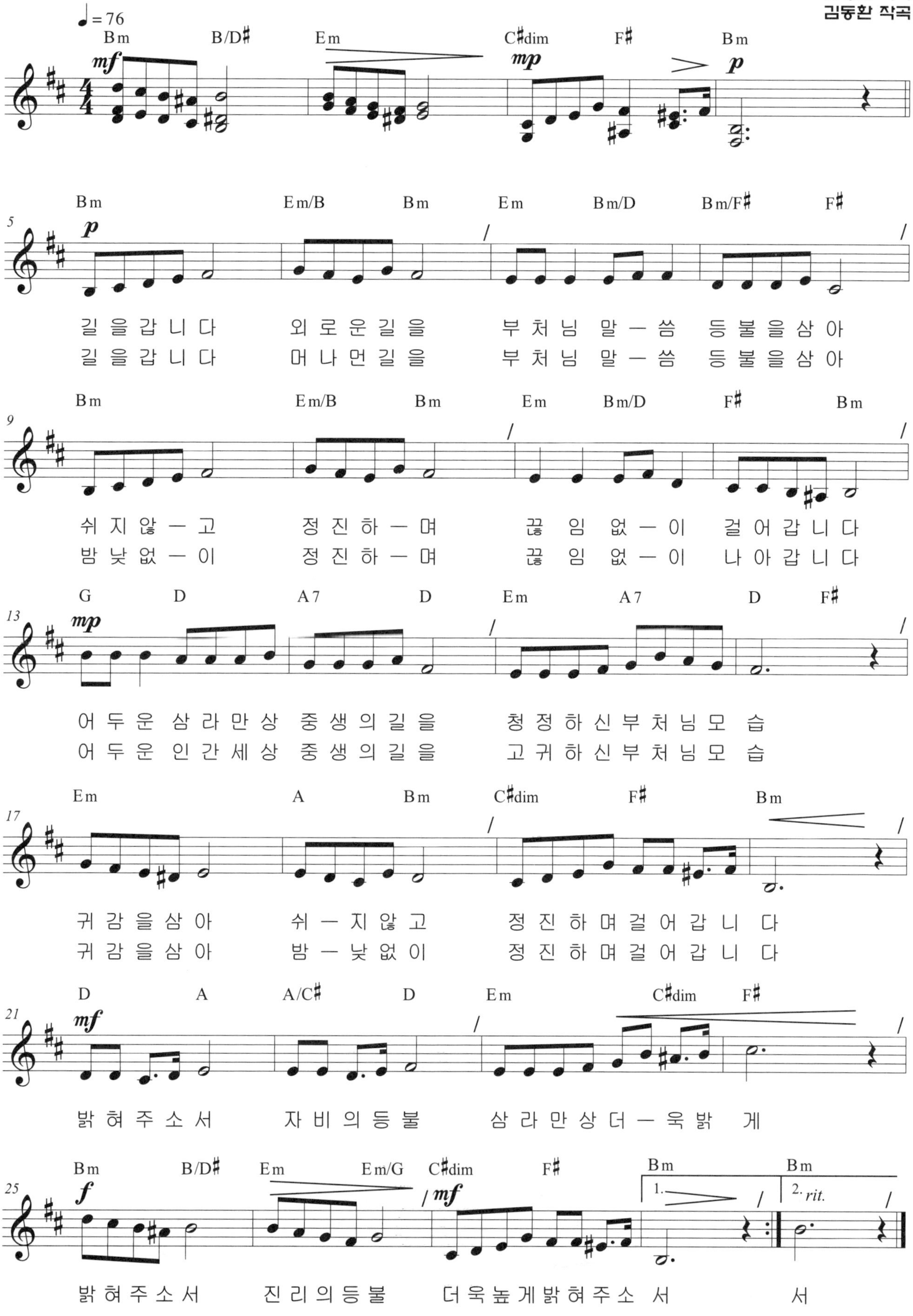

꽃으로 앉으신 님

Original Key : F Major

김재진 작사
김동환 작곡

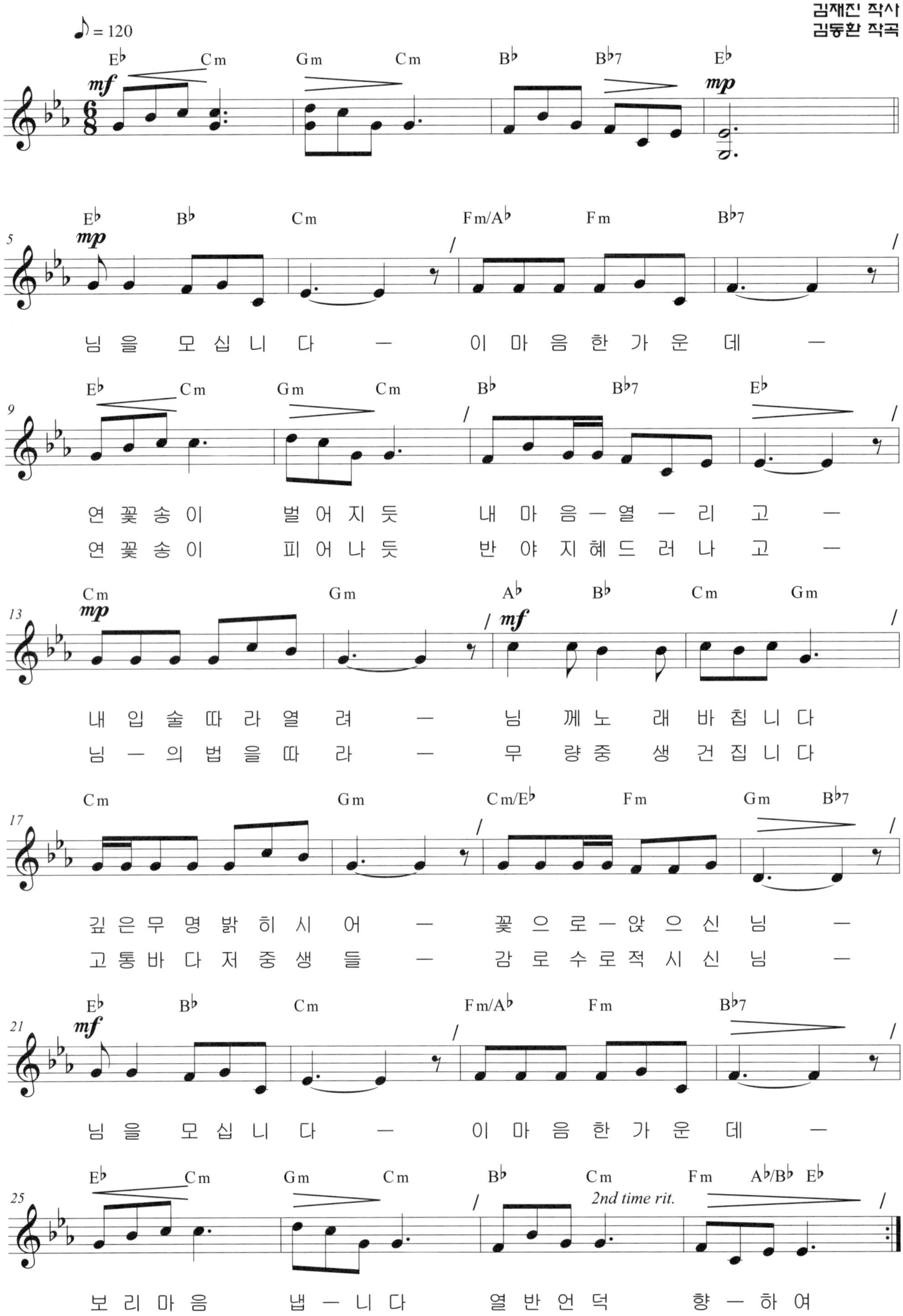

♪ = 120

님을 모십니다 — 이 마음 한 가운데 —

연꽃송이 벌어지듯 내 마음 열 — 리 고 —
연꽃송이 피어나듯 반야지혜 드러나고 —

내 입술따라 열려 — 님께 노 래 바칩니다
님 — 의 법을 따라 — 무 량 중 생 건집니다

깊은 무명 밝히시어 — 꽃으로 앉으신 님 —
고통바다 저 중생들 — 감로수로 적시신 님 —

님을 모십니다 — 이 마음 한 가운데 —

2nd time rit.

보리마음 냅 — 니다 열반언덕 향 — 하여

꽃 피울 때까지

Original Key : Bb Major

최백건 작사
최백건 작곡

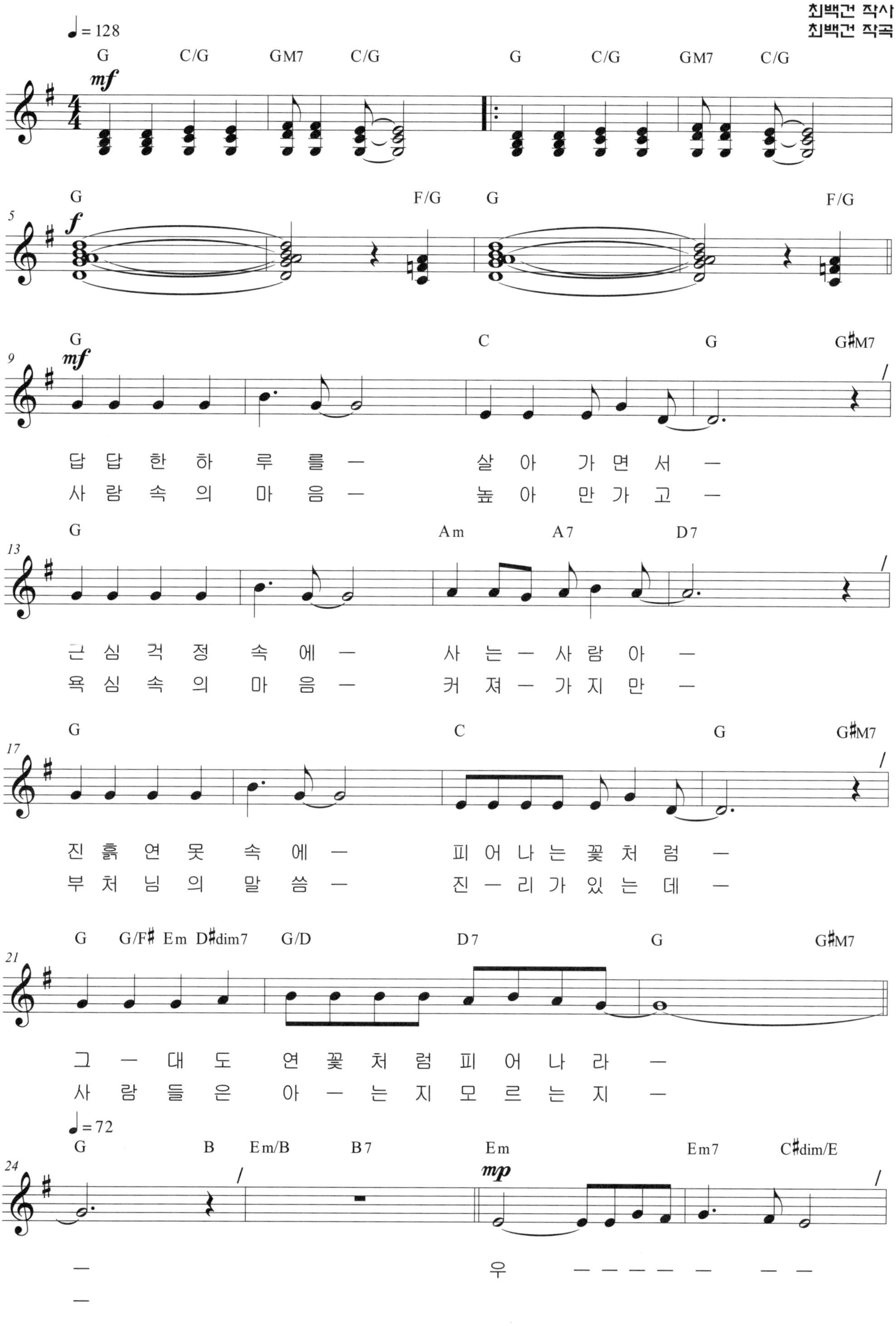

답답한 하루를 — 살아 가면서 —
사람 속의 마음 — 높아만 가고 —

근심 걱정 속에 — 사는 — 사람아 —
욕심 속의 마음 — 커져 — 가지만 —

진흙 연못 속에 — 피어나는 꽃처럼 —
부처님의 말씀 — 진 — 리가 있는데 —

그 — 대도 연꽃처럼 피어나라 —
사람들은 아 — 는지 모르는지 —

우 — — — — — — —

꽃향기 가득한 님

Original Key : C Minor

박수진 작사
박수진 작곡

새 하얀 옷으로 가려진 꽃 망울 열리어

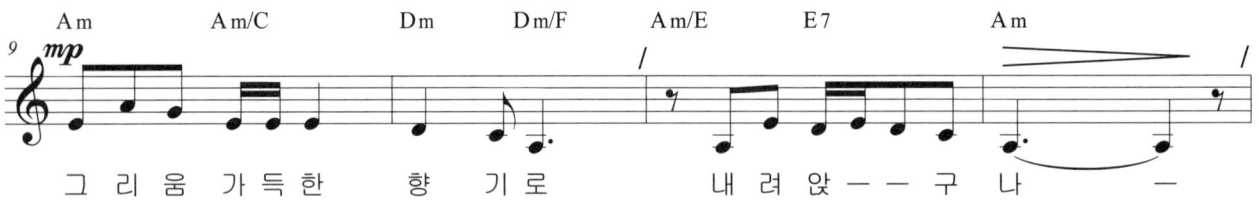
그리움 가득한 향기로 내려앉――구나

어린 꽃잎 하나 바람에 살포시 날리어

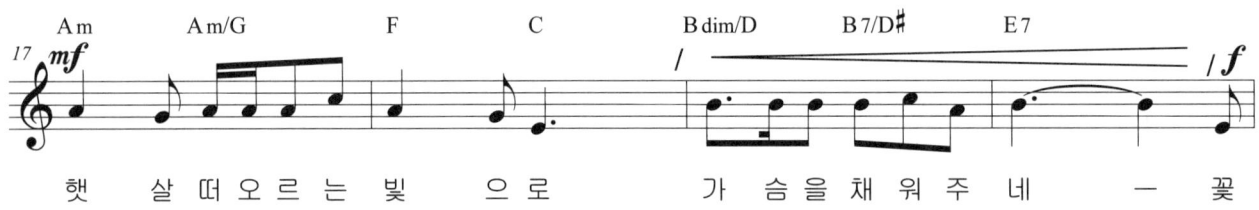
햇살 떠오르는 빛으로 가슴을 채워주네 ― 꽃

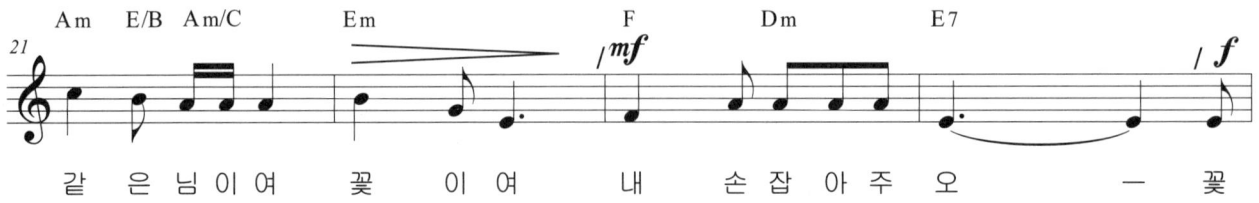
같은 님이여 꽃이여 내 손 잡아주오 ― 꽃

같은 님이여 꽃이여 향기로 머물러주오 ―

꿈 찾아가리라

Original Key : Bb Major

덕신스님 작사
이종만 작곡

♩ = 114

가슴이 열리는 — 오늘은 기 — 쁜 날 —

오색 — 이 찬 — 란한 — 연 — 등불 물 — 결이 —
바람 — 이 불 — 어도 — 어 — 둠이 내 — 려도 —

이 넓은 세 — 상에 — 빛나는 그 — 순간 —
등불은 시 — 간을 — 넘어서 빛 — 나고 —

천년 — 의 어두움 — 사 — 라져 버 — 리네 —
세상 — 과 마음에 — 밝 — 음을 주 — 리라 —

희망이 보이는 — 미 — 래는 우 — 리 것 —

나의 연꽃

Original Key : C Minor

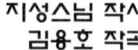

지성스님 작사
김용호 작곡

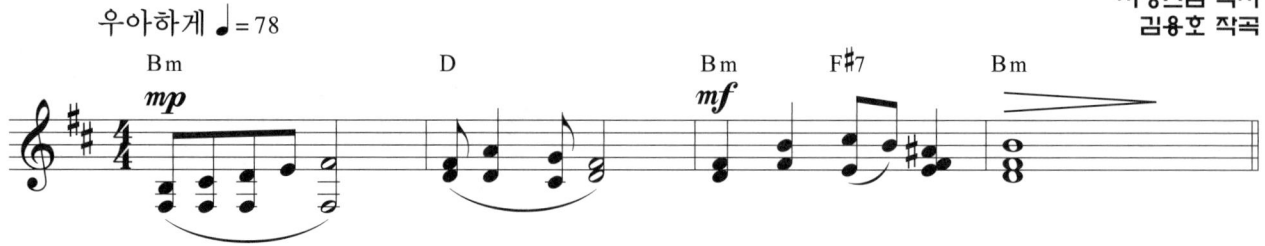

영 광 ― 스 런 이 날 ― 을 갖 기 위 하 ― 여
홀 연 히 ― 일 어 서 라 이 날 이 왔 ― 네

수 많 ― 은 꽃 ― 잎 ― 이 피 고 ― 또 지 고
이 땅 ― 에 밝 은 태 ― 양 비 쳐 ― 오 도 다

그 렇 게 도 험 한 길 을 부 처 님 찾 ― 아
삼 천 년 ― 역 사 위 에 부 처 님 나 ― 라

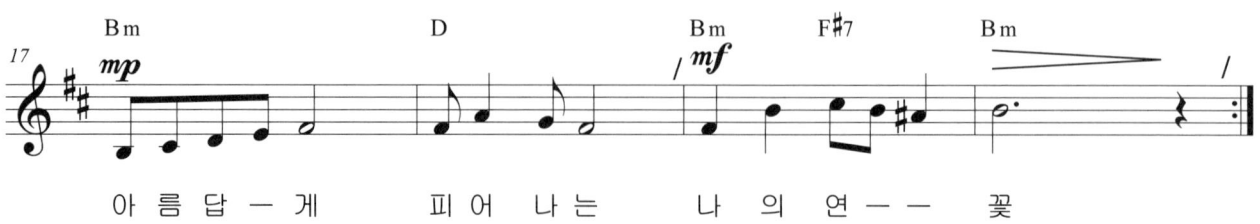

아 름 답 ― 게 피 어 나 는 나 의 연 ― ― 꽃

내 마음의 부처

Original Key : Bb Major

송연경 작사
이진구 작곡

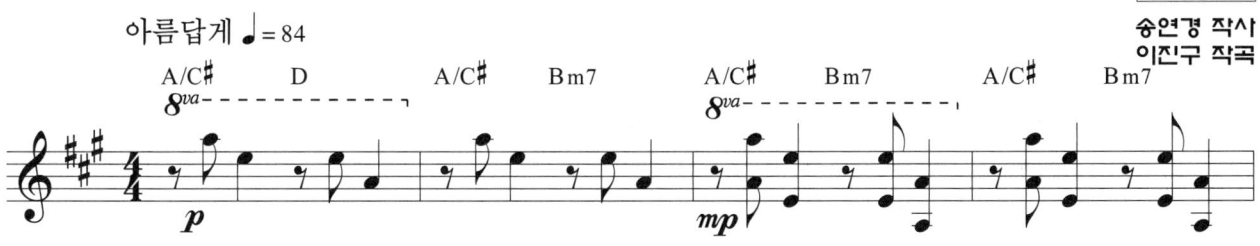

우 리 여 기 ─ 모 였 네 요

부 처 님 의 ─ 환 한 모 습 앞 에 하 지 만 그 대 가 슴 과 머
서 로 반 가 운 인 사 나 누 면 서 하 지 만 그 대 눈 빛 엔 어

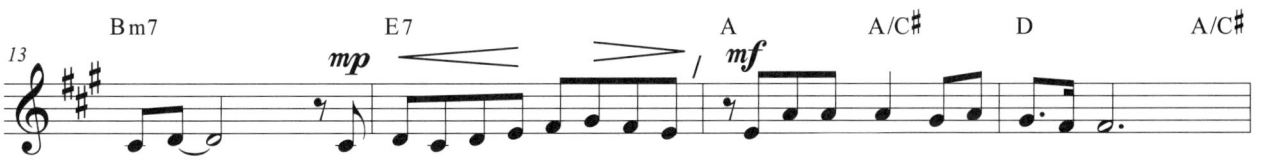

리 엔 ─ 꽉 찬 근 심 이 보 이 네 요 우 리 여 기 모 두 모 여 서
딘 지 ─ 쓸 쓸 한 느 낌 묻 어 나 요

마 음 의 부 처 님 을 만 나 요 꺼 지 거 나 없 어 지 지 도 않 는
두 려 워 하 거 나 의 심 치 않 고

순 수 한 우 리 들 마 음 을 텅 빈 마 음 텅 빈 순 수 함

Bm Bm7/A E/G♯ E Bm/D A/C♯ F♯11 Bm Dm/F
25
1.
가 슴 을 활 짝 열 고 봐 ㅡ 요 그 대 ㅡ 여 여 기 내 마 음 의
아 무 것 도 담 기 지 않 ㅡ 을
A/E E7 A A/B A/C♯ A/B
29
mp
부 처 님 을 봐 요
A/C♯ F♯11 Bm Dm/F A/E E7 A A/B
32
2.
mp
여 여 기 내 마 음 의 부 처 님 을 봐 요
A/C♯ A/B A
36
mp
평 화 로 운 가 요 옴

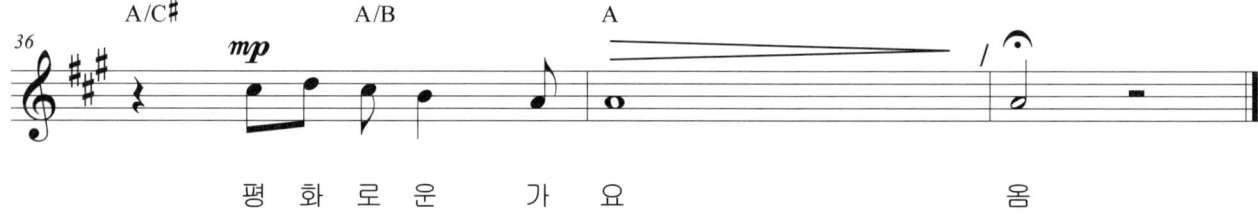

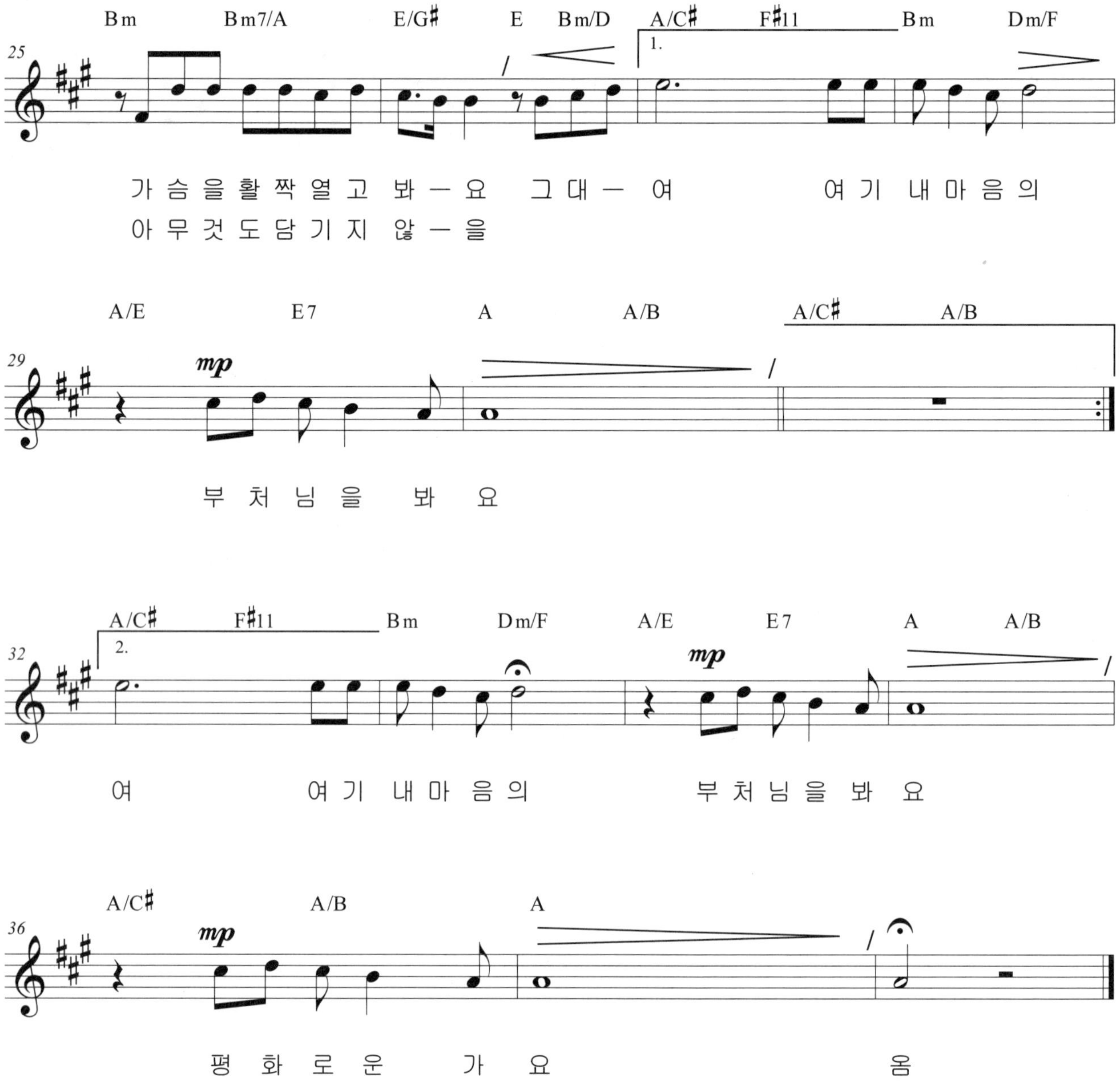

너와 나

Original Key : C Major

이종만 작사
이종만 작곡

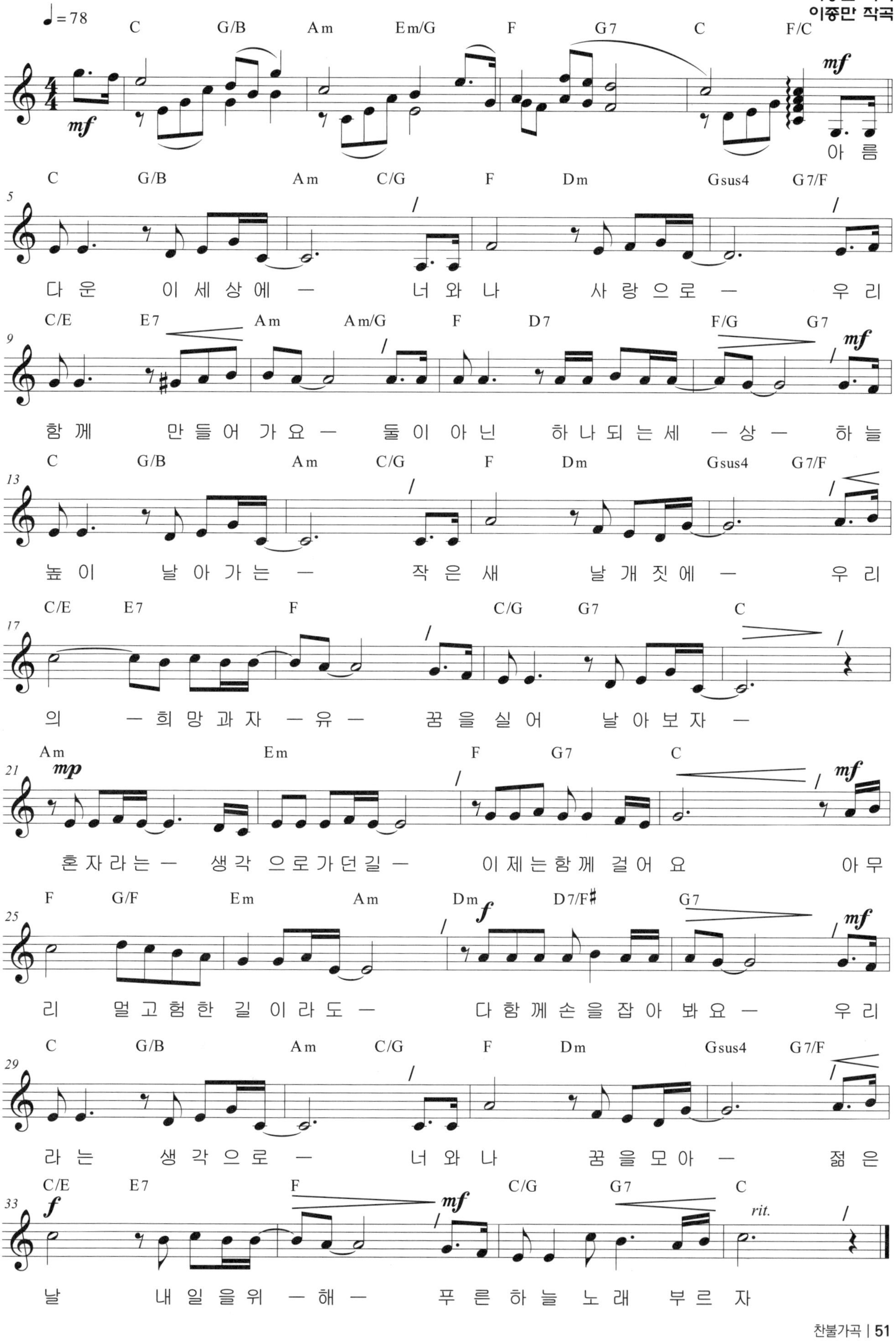

아름다운 이 세상에 — 너와 나 사랑으로 — 우리 함께 만들어 가요 — 둘이 아닌 하나 되는 세 — 상 — 하늘 높이 날아가는 — 작은 새 날개짓에 — 우리의 — 희망과 자 — 유 — 꿈을 실어 날아보자 —

혼자라는 — 생각으로 가던 길 — 이제는 함께 걸어요 아무리 멀고 험한 길이라도 — 다 함께 손을 잡아봐요 — 우리라는 생각으로 — 너와 나 꿈을 모아 — 젊은 날 내일을 위 — 해 — 푸른 하늘 노래 부르자

Original Key : G Minor

뉘우치오니

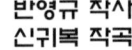
반영규 작사
신귀복 작곡

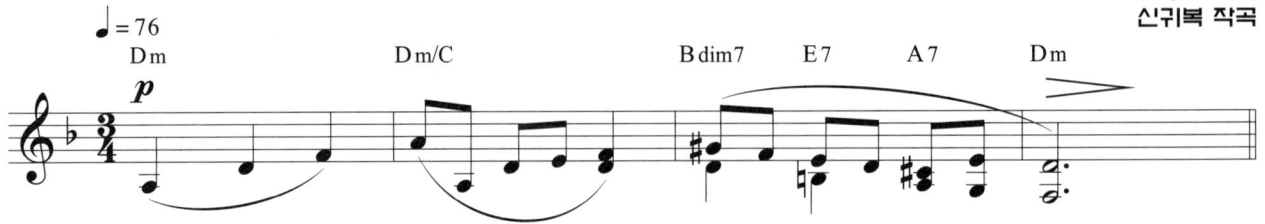

향 내 음 자 — 욱 한 부 — 처 — 님 앞 에
고 요 히 미 소 짓 는 부 — 처 — 님 앞 에

두 손 모 아 조 — 용 히 합 — 장 — 을 하 고
공 — 손 히 머 리 숙 여 예 — 를 — 드 리 며

저 의 잘 못 깊 이 깊 이 뉘 우 칩 니 다
성 — 내 고 미 — 워 한 저 의 잘 못 을

어 리 석 은 저 — 희 를 용 — 서 — 하 소 서
뉘 우 치 는 이 마 음 을 받 — 아 — 주 소 서

님의 소리

Original Key : F Major

덕신스님 작사
김희경 작곡

마음의문 열어-주는 산사의범종소리 —
솔바람을 타-고-오-는 무심의풍경소리 —

온몸으로 뭇생-명-을 그릇대로채워주-네 —
목탁소리 독경-하-는 스님의-염불소리 —

무간지옥 떨어져시 고통받는중생들도 —
불보살의 미소까지 모든것을감싸주니 —

가슴 속에 자리잡은 지옥고를면케하고 —
흩어졌던 그마음이 어느덧-돌아와서 —

마음의문 열린-자-는 그대로가-법문일세 —
님의마음 나의-마-음 본-래-가하나로세 —

지나치는 바람결도 놓치지-아니하니 —

그곳에서 무진-법-문 한없이얻어지-네 —

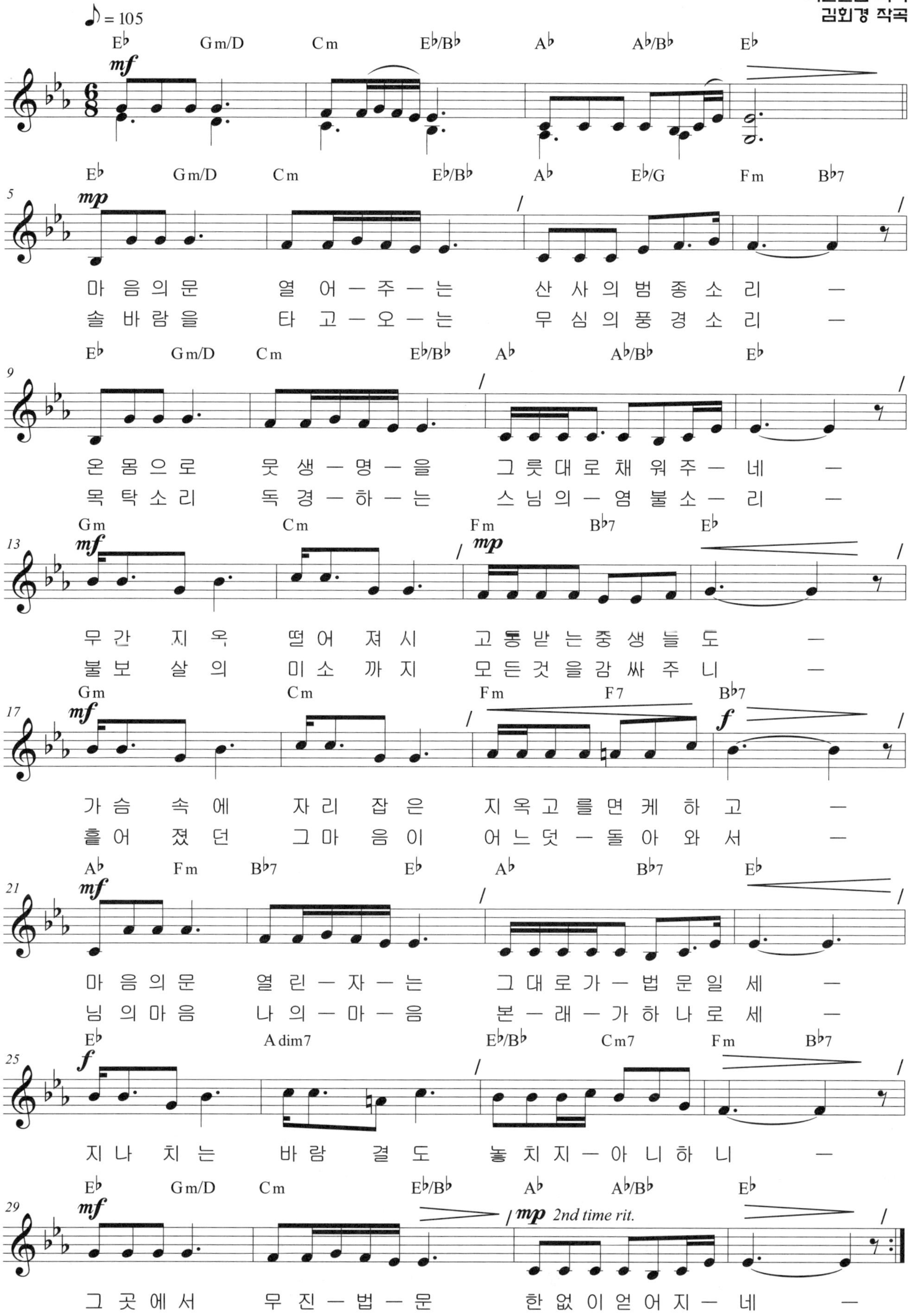

님이시여

Original Key : C Major

가사를 음미하며 ♩=74

동호스님 작사
박이제 작곡

운 저달이여 관—음님—의모습인가 하얀얼
이 광명—의 연—꽃피 우신님이시여 고—난

굴 고운—미소 중생들 안으—시고 연
의 모진—바람 헤매는 중생—위해 자

붉—은 안—개속—에 백옥 의눈썹드리우신 언
비 의몸 베——풀—어 바른 길열어주—시며 미

제—나 상—서로—운 기쁜—기쁜보살님이시여 길
묘—한 향——기—를 날리—시는보살님이시여

Original Key : D Major

당신의 미소

손정운 작사
최영철 작곡

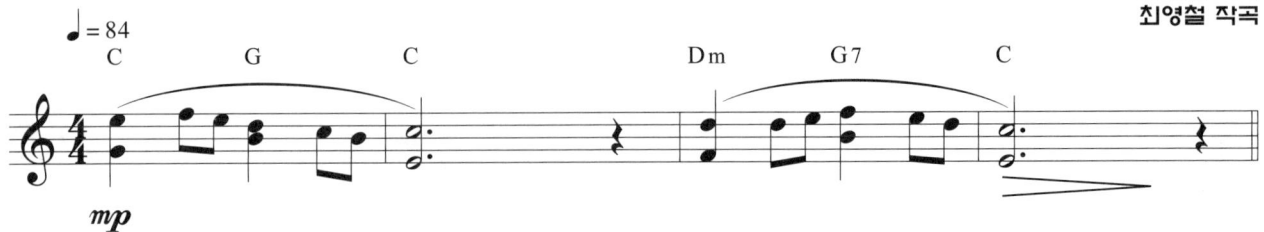

당 신의따스한눈길 을 　 우 러르고있 노라면
포 근한당 — 신가슴 에 　 이몸안겨들 어가 면

천 만 가 지 근 심 걱 　 —정 　 모 — 두 사 라 — 집 니 다
극 락 정 토 연 화 세 　 —계 　 여 긴 듯 싶 — — 습 니 다

당 　 신의 　 맑은눈길을 　 우 러르고있 　 노라면
지 　 친몸 　 아픈영혼도 　 당 — 신의품 　 안에서

우 주 의 삼 라 만 — — 상 — — 도 　 구 슬 로 빛 — — 납 니 다
법 열 의 넘 쳐 흐 르 는 눈 물 — 이 　 방 울 방 울 — — 집 니 다

돌고 돌려 백팔염주

Original Key : D Minor

함현스님 작사
유수용 작곡

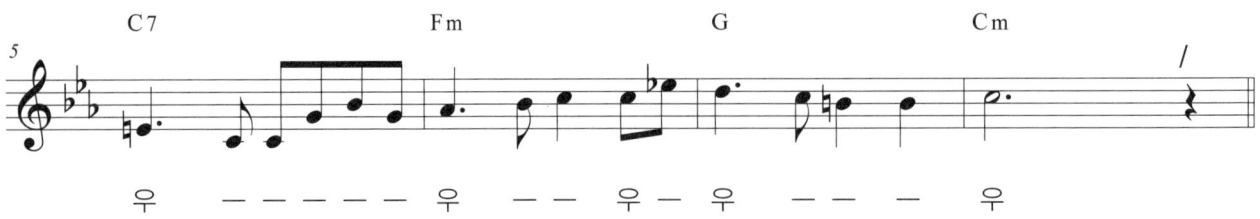

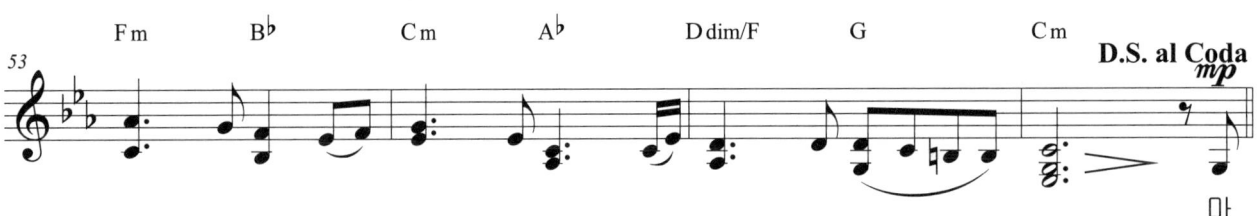
마

세 ─ 붉은 미소로 다가오는 내님의 음성 백팔 염주 염주 돌리 세

돌 고 돌려 돌 고 돌려 백팔염주돌 리 ─ 세 ─

돌 고 돌려 돌 고 돌려 백팔염주돌 리 세

마 음

Original Key : Eb Major

황학현 작사
강주현 작곡

마음의 법신 성불

Original Key : Db Major

법륜스님 작사
박이제 작곡

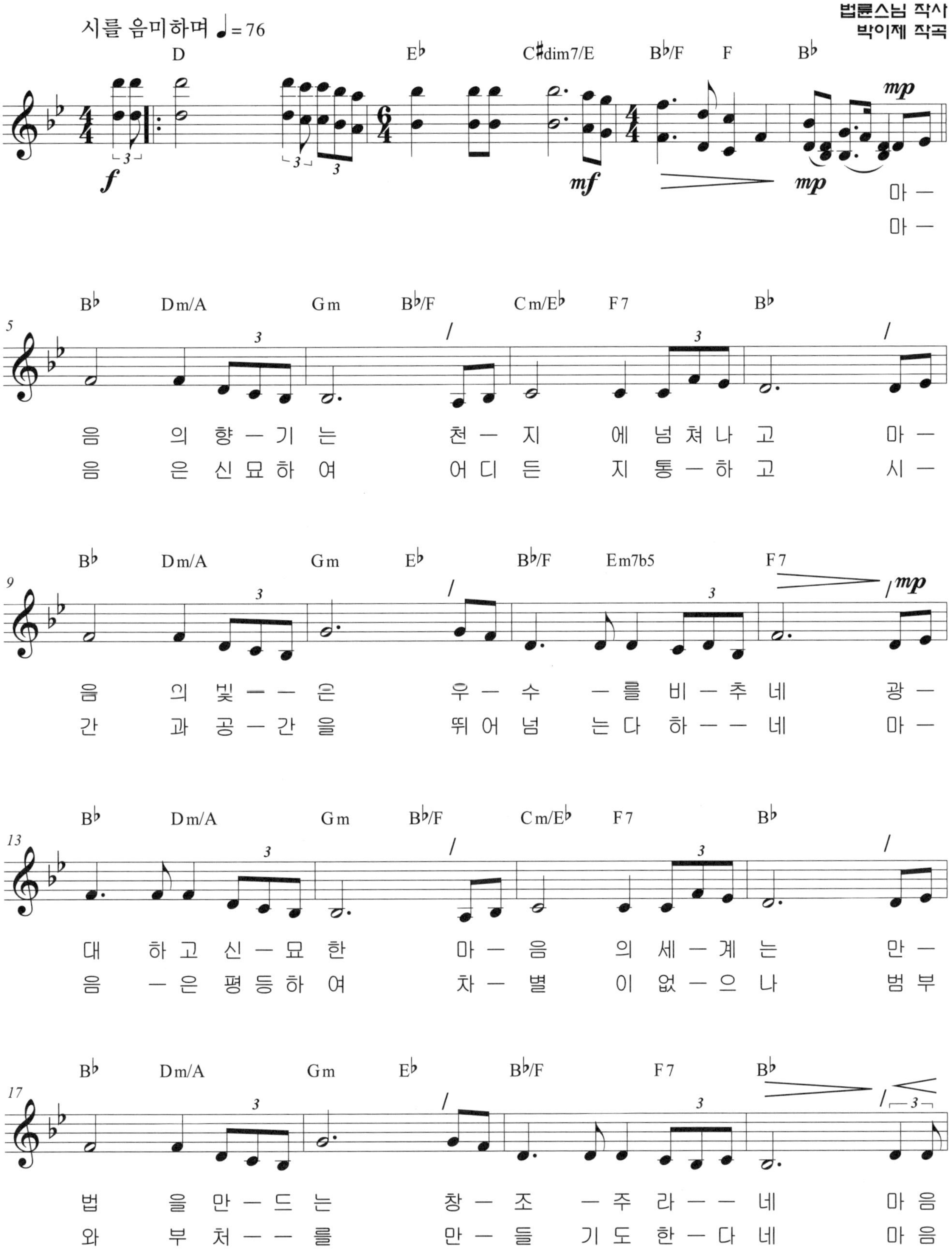

시를 음미하며 ♩=76

마—
마—
음 의 향—기 는 천—지 에 넘쳐 나 고 마—
음 은 신 묘 하 여 어디 든 지 통—하 고 시—
음 의 빛——은 우—수—를 비—추 네 광—
간 과 공—간 을 뛰어 넘 는 다 하——네 마—
대 하 고 신—묘 한 마—음 의 세—계 는 만—
음—은 평 등 하 여 차—별 이 없—으 나 범 부
법 을 만—드 는 창—조—주 라——네 마 음
와 부 처——를 만—들 기 도 한—다 네 마 음

Original Key : D Minor

만 가

반영규 작사
정부기 작곡

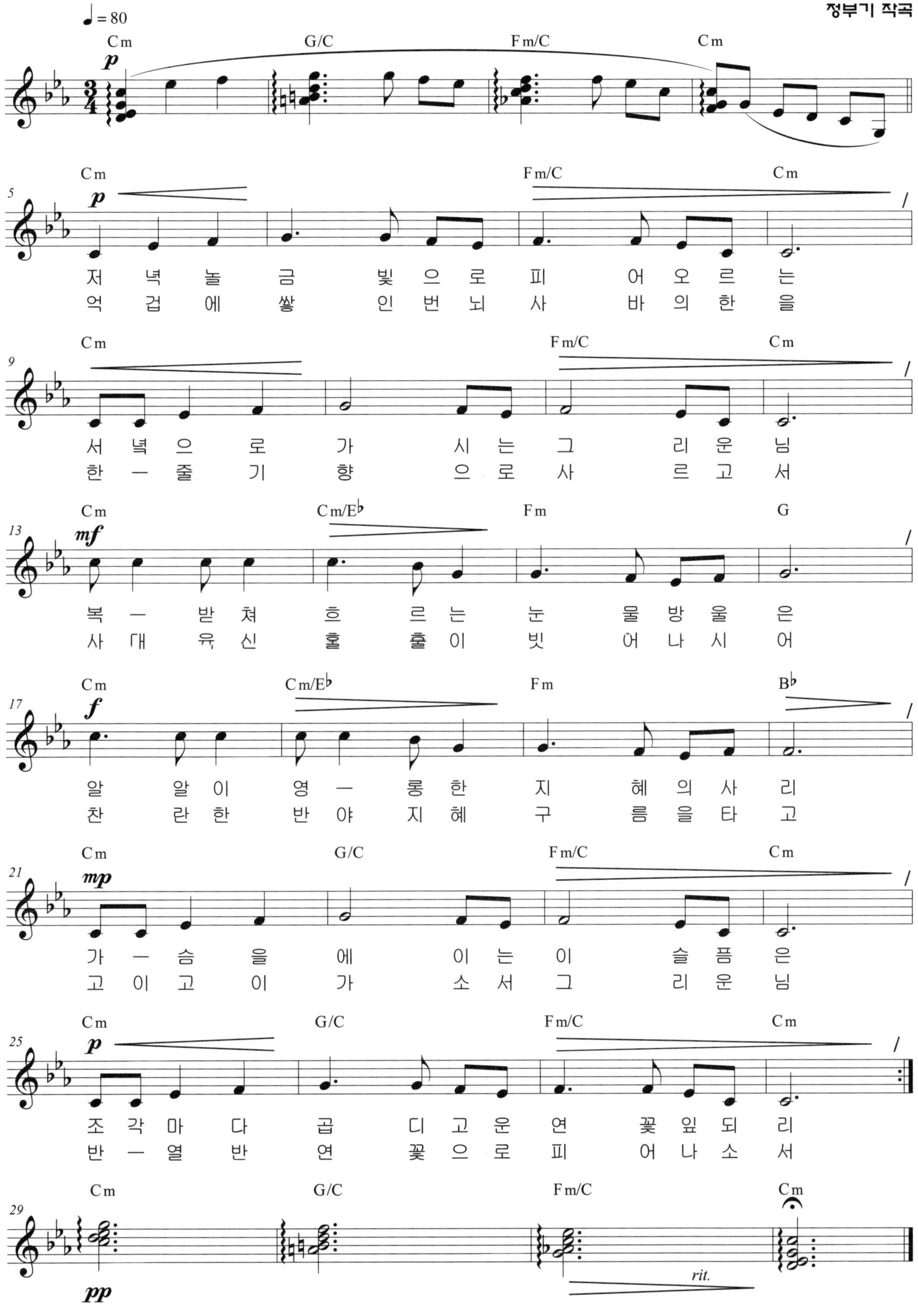

만다라화

Original Key : F Major

이상준 작사
이상준 작곡

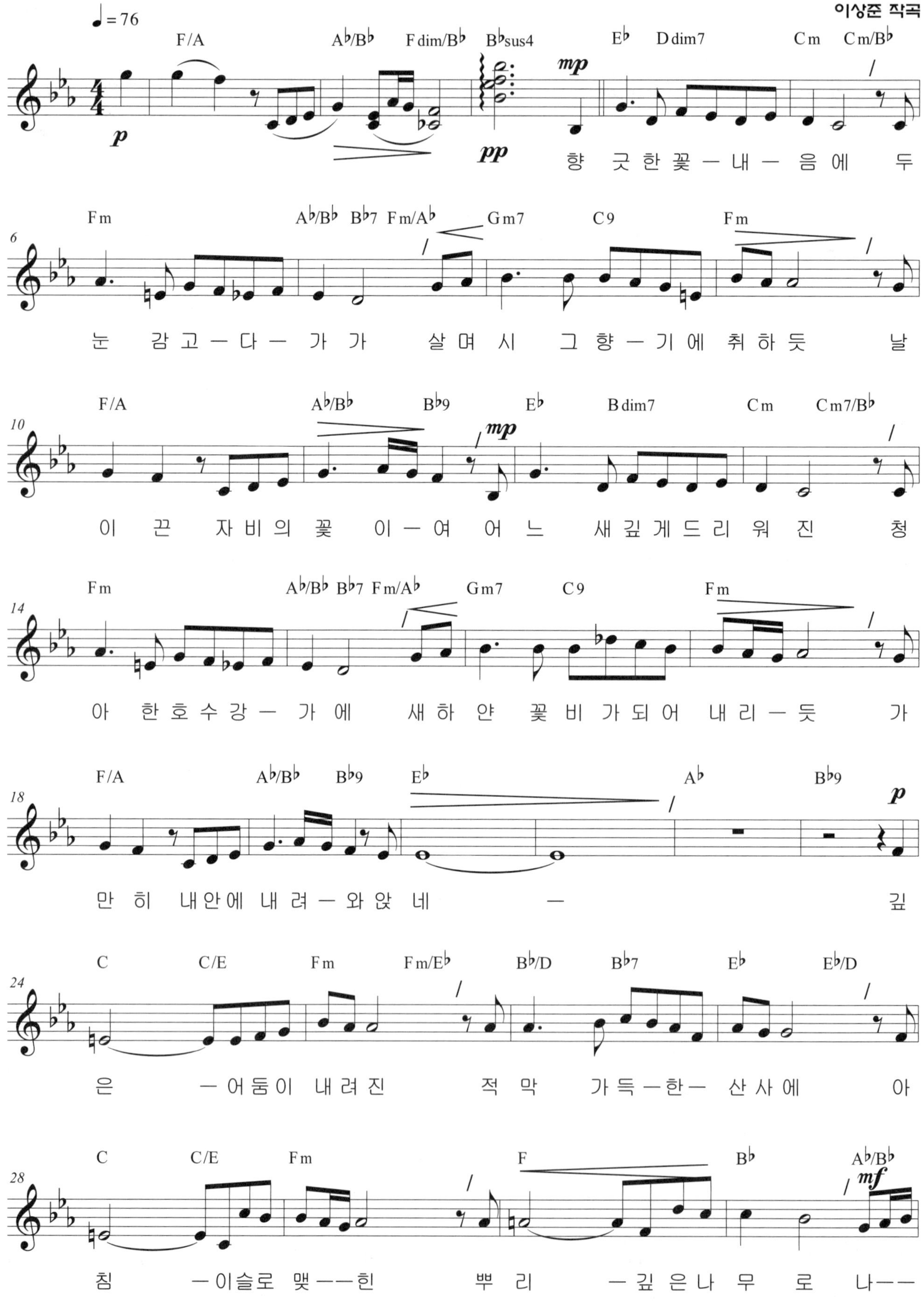

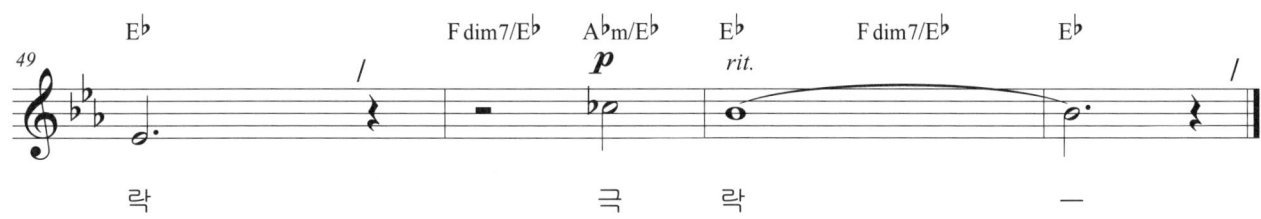

무 상

Original Key : C Minor

도신스님 작사
도신스님 작곡

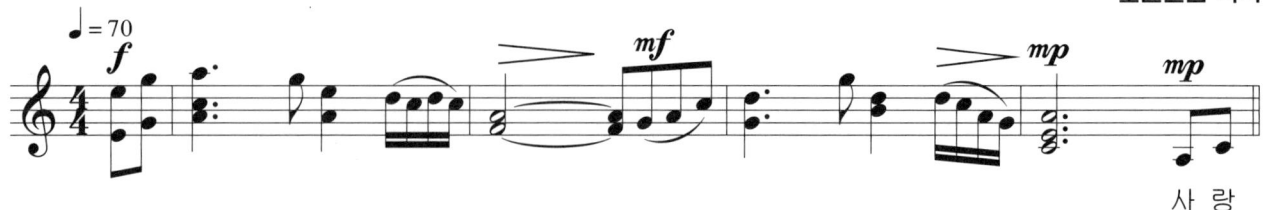

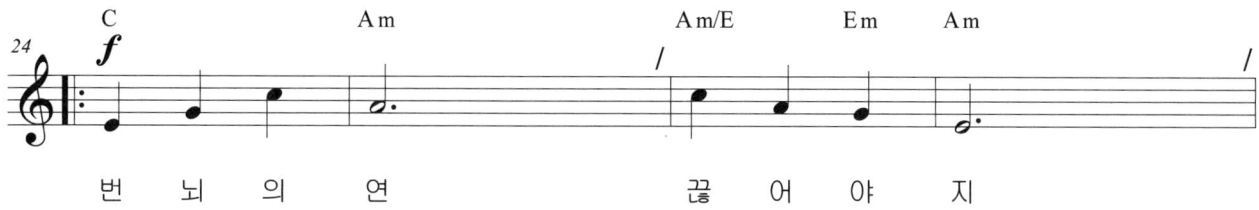

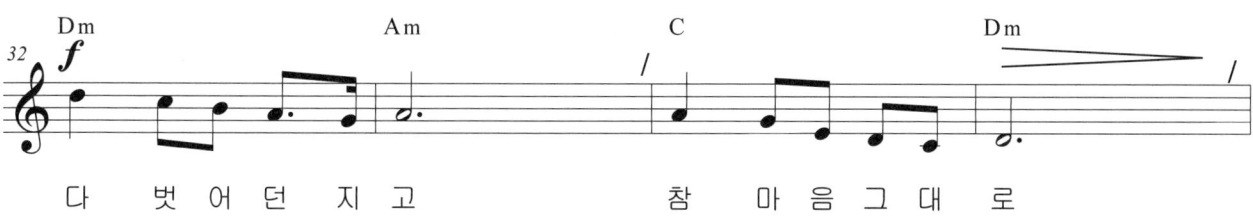

무상계

Original Key : D Minor

반영규 작사
박범훈 작곡

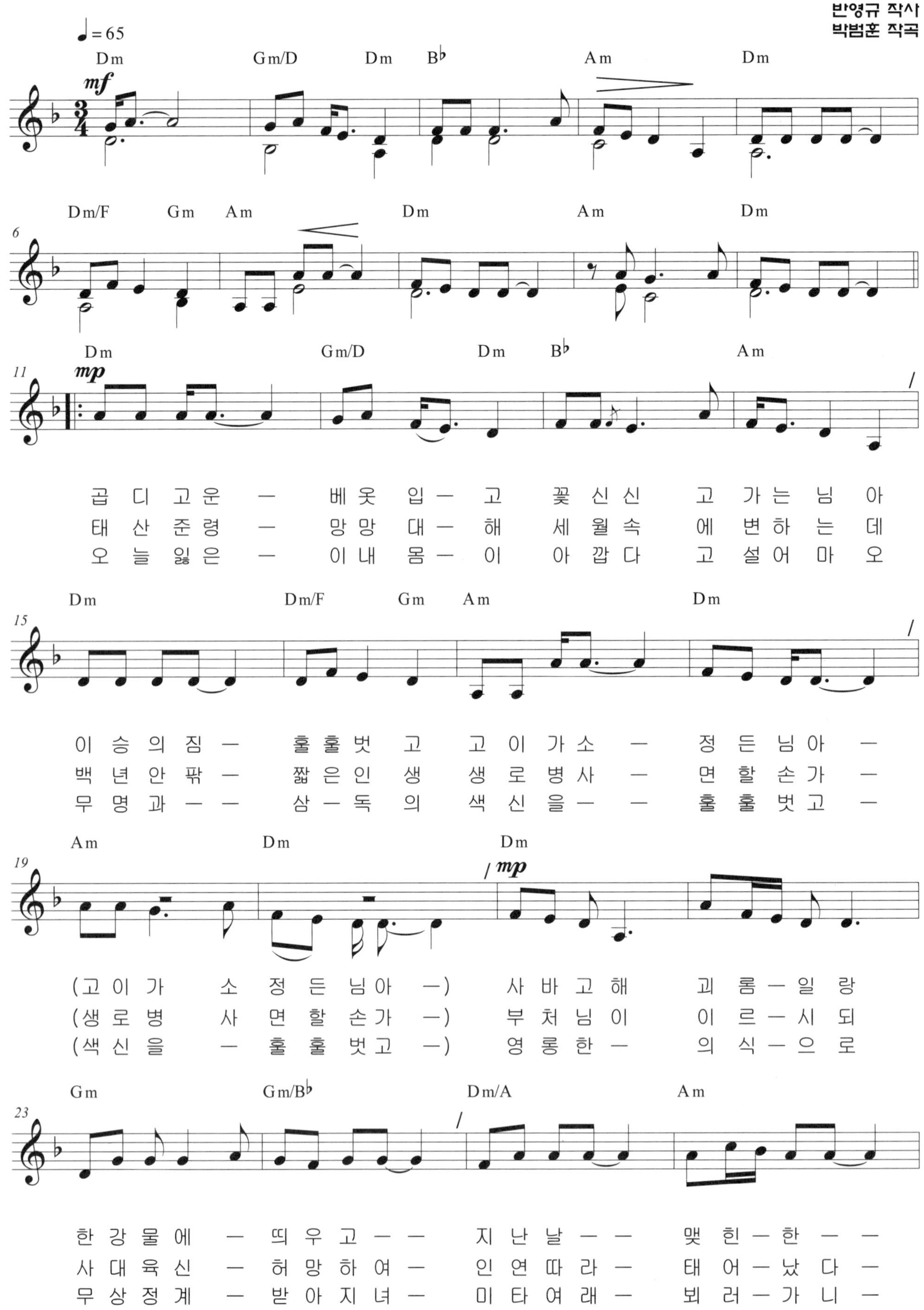

♩ = 65

곱디고운 — 베옷입—고 꽃신신 고 가는님아
태산준령 — 망망대—해 세월속에 변하는데
오늘잃은 — 이내몸—이 아깝다 고 설어마오

이승의짐 — 훌훌벗고 고이가소 — 정든님아 —
백년안팎 — 짧은인생 생로병사 — 면할손가 —
무명과 — — 삼—독의 색신을 — — 훌훌벗고 —

(고이가 소 정든님아 —) 사바고해 괴롬—일랑
(생로병 사 면할손가 —) 부처님이 이르—시되
(색신을 — 훌훌벗고 —) 영롱한— 의식—으로

한강물에 — 띄우고— — 지난날— — — 맺힌—한 — —
사대육신 — 허망하여— 인연따라— 태어—났다 —
무상정계 — 받아지녀— 미타여래— 뵈러—가니 —

무소유의 노래

Original Key : D Major

덕신스님 작사
김희경 작곡

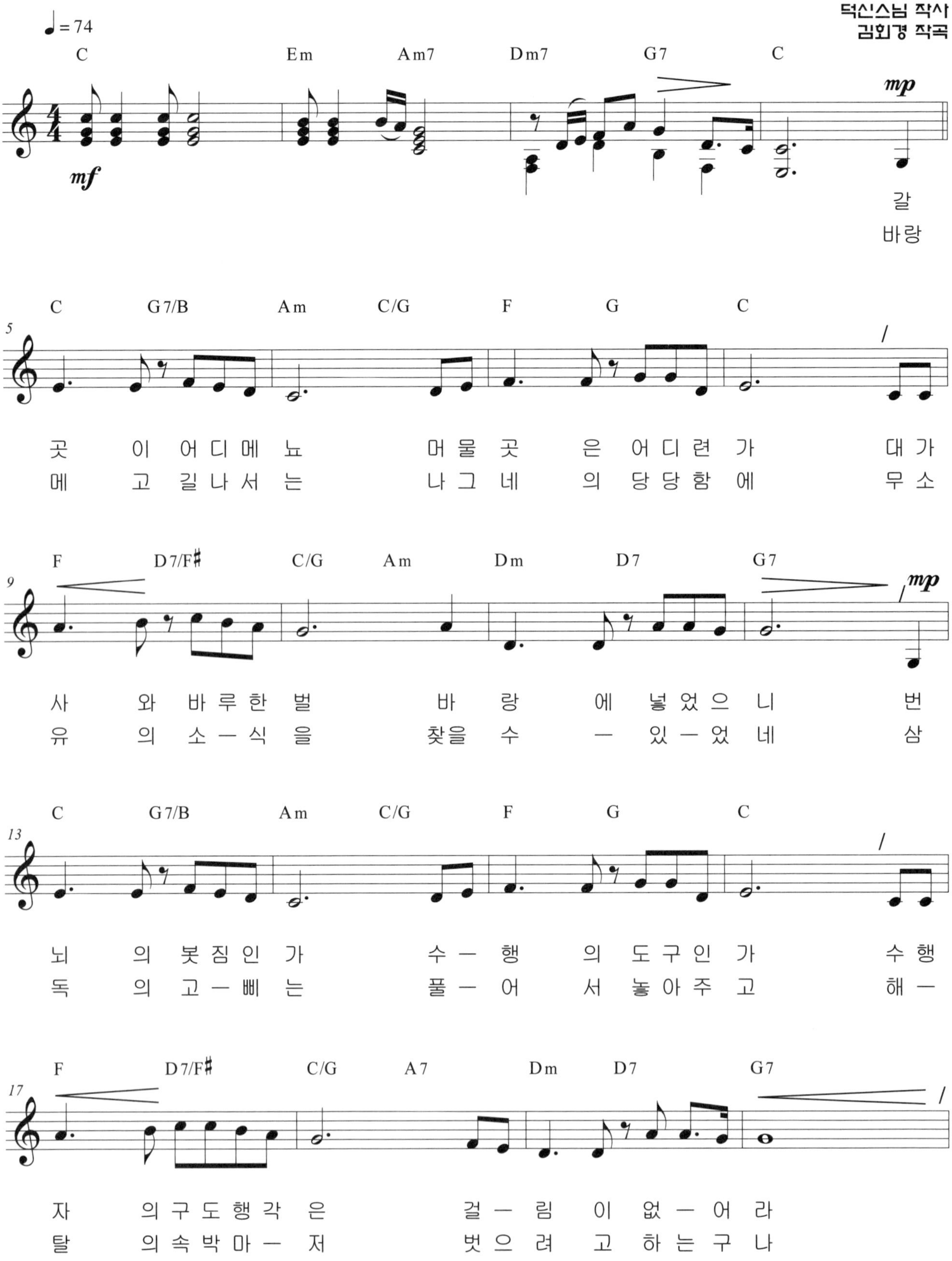

갈 곳이 어디메뇨 머물곳은 어디련가 대가사와 바루한벌 바랑에 넣었으니 번뇌의 봇짐인가 수행의 도구인가 수행자의 구도행각은 걸림이 없어라

바랑메고 길나서는 나그네의 당당함에 무소유의 소식을 찾을수 있었네 삼독의 고삐는 풀어서 놓아주고 해탈의 속박마저 벗으려고 하는구나

바람부는 산사

Original Key : F Major

정목스님 작사
정경천 작곡

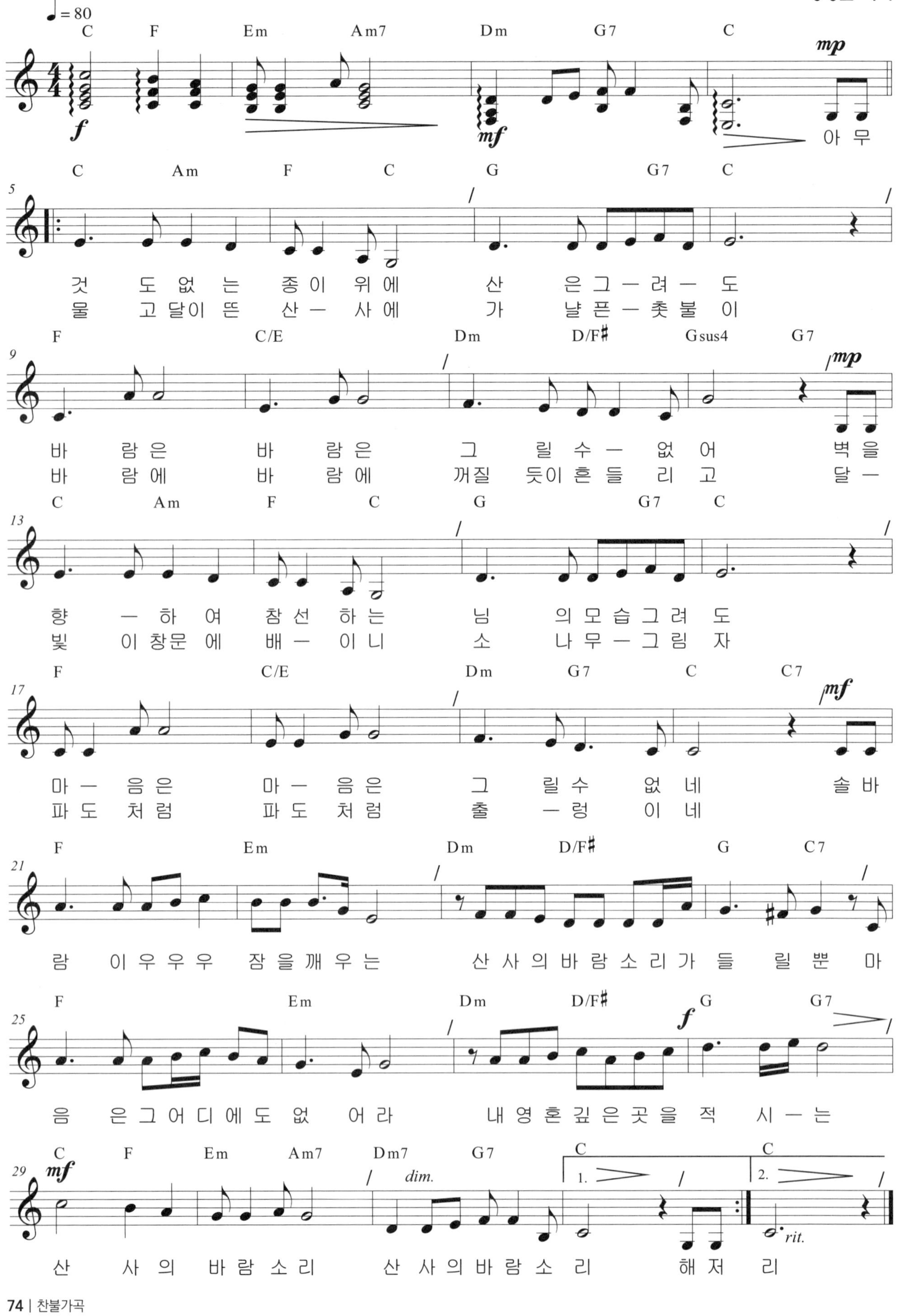

아무 것도 없는 종이 위에 산은 그려도 바람은 바람은 그릴 수 없어 벽을 향하여 참선하는 님의 모습 그려도 마음은 마음은 그릴 수 없네 솔바람이 우우우 잠을 깨우는 산사의 바람소리가 들릴 뿐 마음은 그 어디에도 없어라 내 영혼 깊은 곳을 적시는 산사의 바람소리 산사의 바람소리

물고 달이 뜬 산사에 가냘픈 촛불이 바람에 바람에 꺼질 듯이 흔들리고 달빛이 창문에 배이니 소나무 그림자 파도처럼 파도처럼 출렁이네

해저리

발원

Original Key : F Minor

함현스님 작사
김동환 작곡

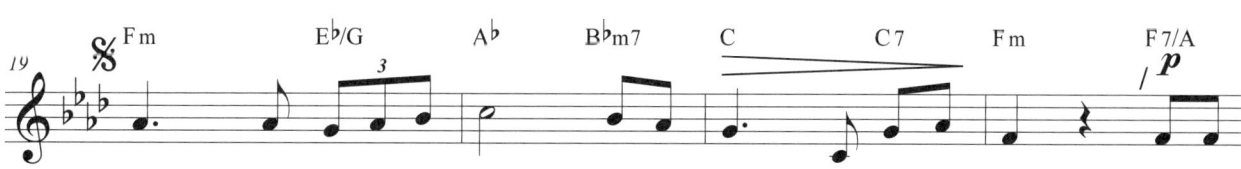

[바와뚜 삽바 망갈람] 3번

모든 존재들이여 다 행복하길..
나무 석가모니불
나무 석가모니불
나무 시아본사 석가모니불

보리심

Original Key : D Minor

지성스님 작사
김희경 작곡

♩ = 82

(가사)
나는
나는

나 는 보 리 마 — 음 내 기 가 원 — 입 니 다 모 든
나 는 깨 — 달 아 서 이 세 상 빛 — 이 되 어 외 —

윤 회 끊 — 어 지 고 온 갖 고 통 벗 — 어 나 서
롭 고 슬 — 픈 중 생 인 — 로 왕 보 살 되 — 어

현 실 생 활 태 평 하 — 고 안 락 국 토 바 로 가 서 고 해
부 처 님 의 넓 으 신 — 품 정 토 세 계 이 끌 어 서 복 은

중 생 도 우 면 — 서 불 국 낙 원 이 — — 루 어
지 어 열 매 되 — 고 마 음 닦 아 해 — 탈 하 여

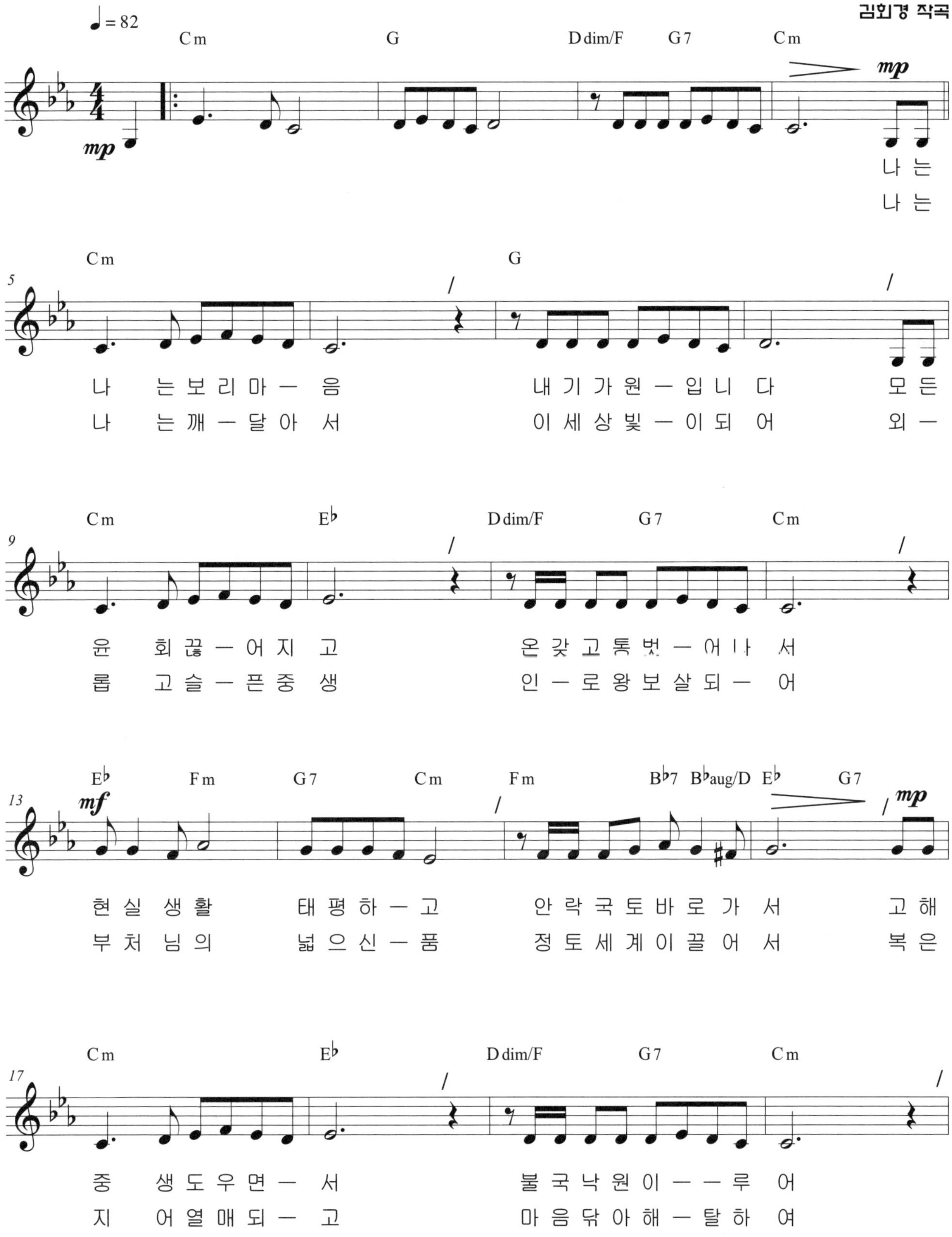

봄 소 식

Original Key : F Minor

함현스님 작사
김동환 작곡

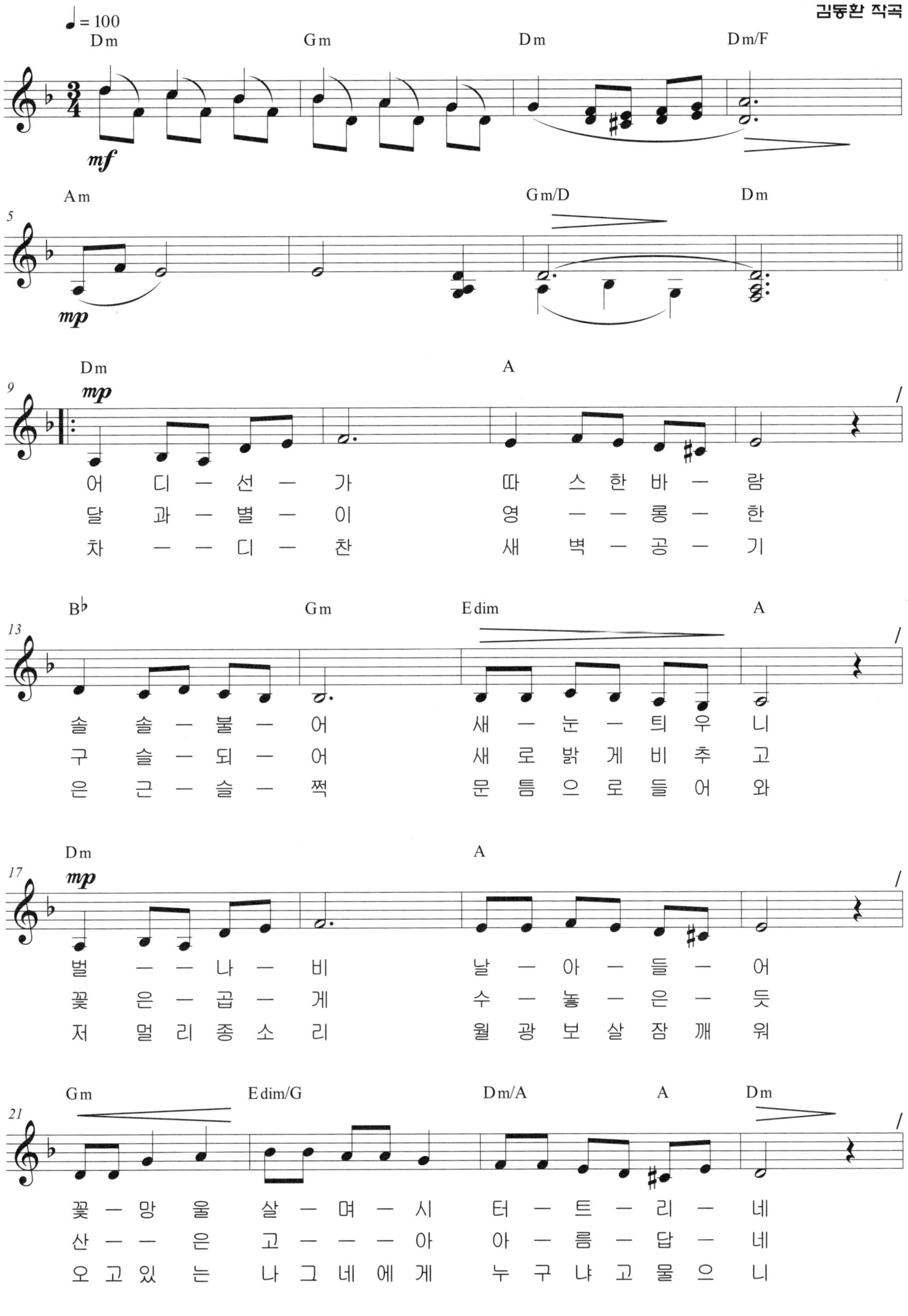

어디선가 따스한바람
달과별이 영롱한
차디찬 새벽공기

솔솔불어 새눈틔우니
구슬되어 새로밝게비추고
은근슬쩍 문틈으로들어와

벌나비 날아들어
꽃은곱게 수놓은듯
저멀리종소리 월광보살잠깨워

꽃망울 살며시터트리네
산은고아 아름답네
오고있는 나그네에게 누구냐고물으니

부처님께 귀의합니다

Original Key : C Major

조용극 작사
변규백 작곡

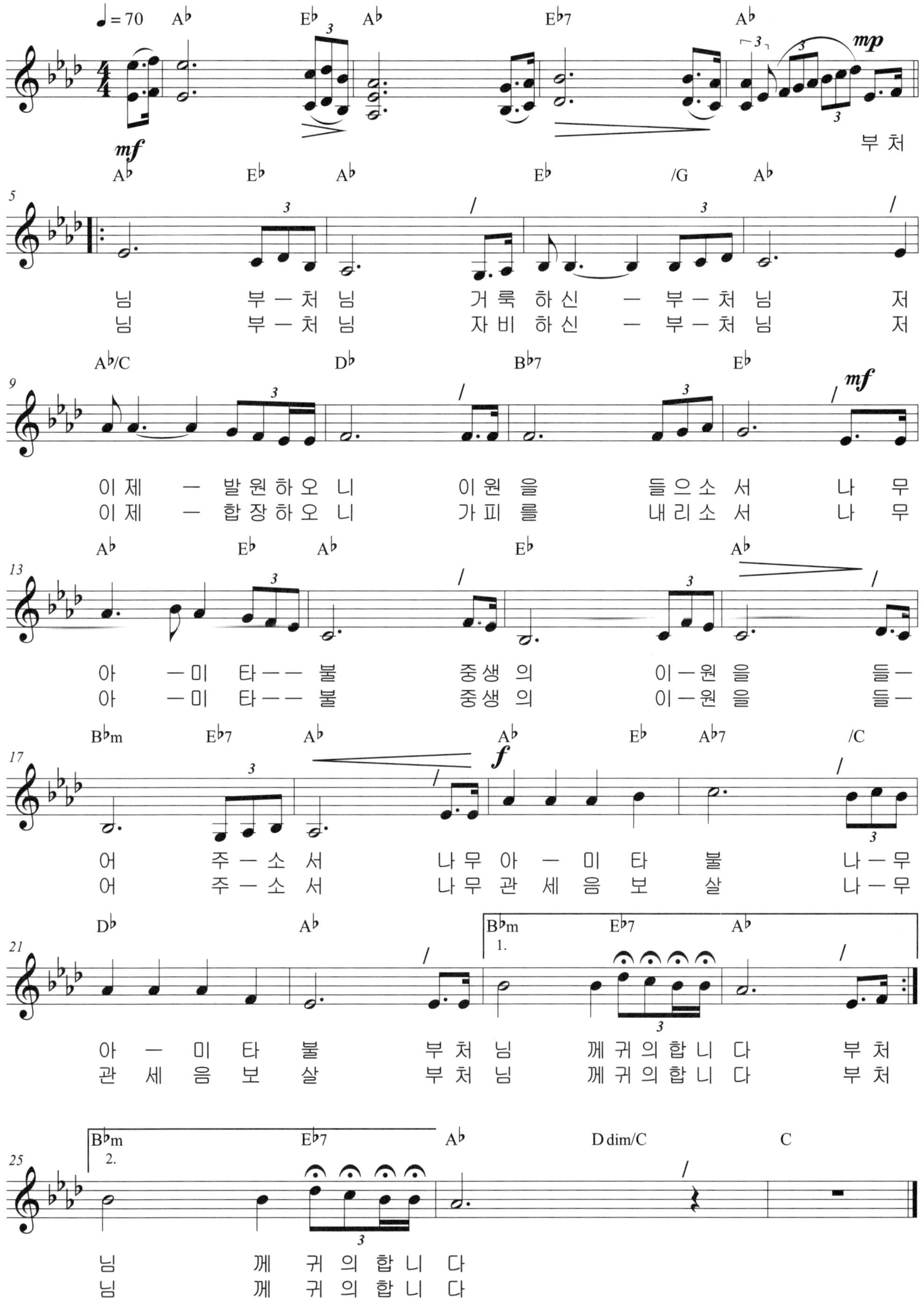

부처님 내게 오셨네

Original Key : D Minor

문정희 작사
김동환 작곡

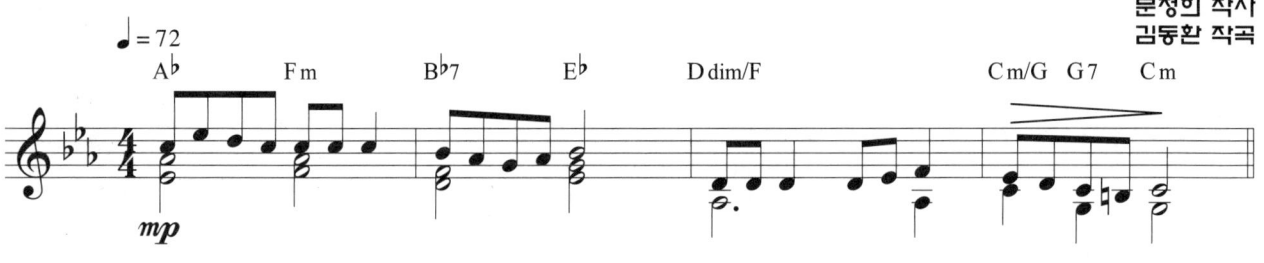

내 마음속 가장 깊은곳에   향기로운   진여에
우리마음 가장 외로운곳에   아름다운   불법의
온 세상괴롭고 슬픈바다에   무량한   자비의

꽃 이 피 었 네   아침에저태양이 떠오르듯이
향 기 퍼 졌 네   짙푸른저신록이 피어나듯이
손 길 닿 았 네   푸르른저물결되어 흘러가거라

지난밤의어둠을다 밀어내고   눈부신부처님 내게오셨네
지난겨울모진추위 다물러가고   눈부신부처님 여기오셨네
끝도없는인연의 사슬을풀고   눈부신부처님 내게오셨네

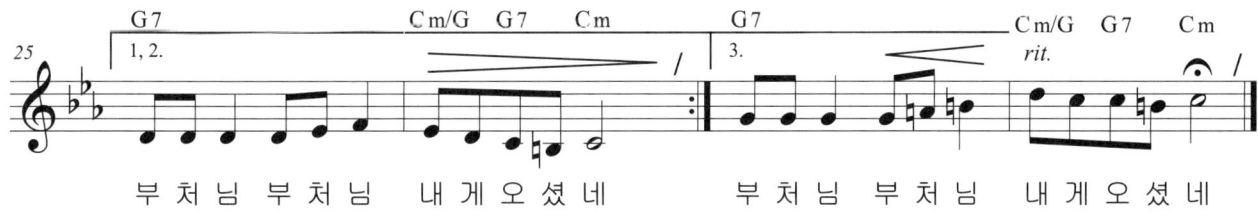

부처님 마음일세

Original Key : D Major

법구경 에서
황영선 작곡

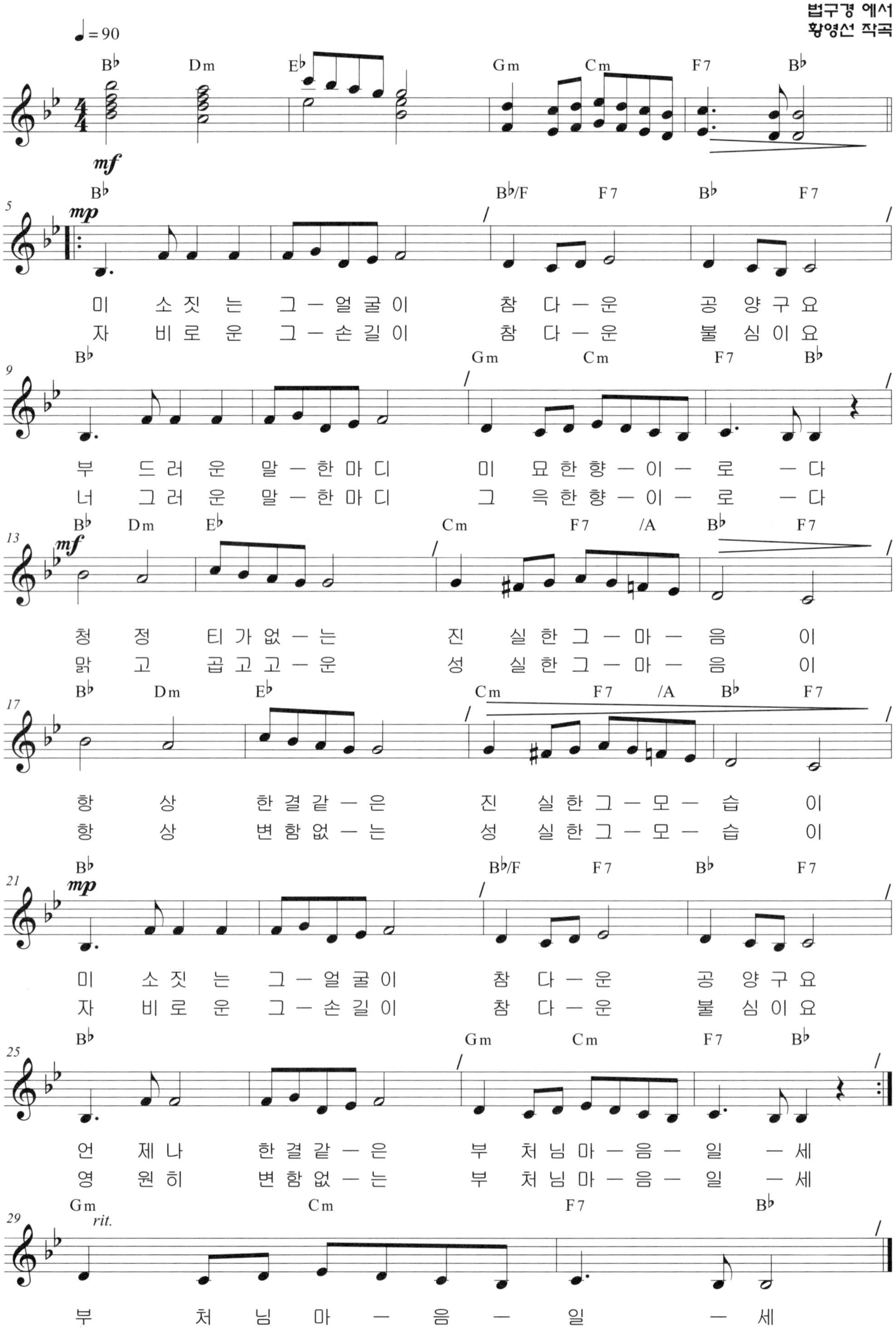

미 소짓는 그 얼굴이 참 다운 공 양구요
자 비로운 그 손길이 참 다운 불 심이요

부 드러운 말 한마디 미 묘한향 이 로 다
너 그러운 말 한마디 그 윽한향 이 로 다

청 정 티가없 는 진 실한그 마 음 이
맑 고 곱고고 운 성 실한그 마 음 이

항 상 한결같 은 진 실한그모 습 이
항 상 변함없 는 성 실한그모 습 이

미 소짓는 그 얼굴이 참 다운 공 양구요
자 비로운 그 손길이 참 다운 불 심이요

언 제나 한결같 은 부 처님마 음 일 세
영 원히 변함없 는 부 처님마 음 일 세

부 처 님 마 음 일 세

Original Key : G Minor

부처님 법 안에서

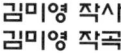

김미영 작사
김미영 작곡

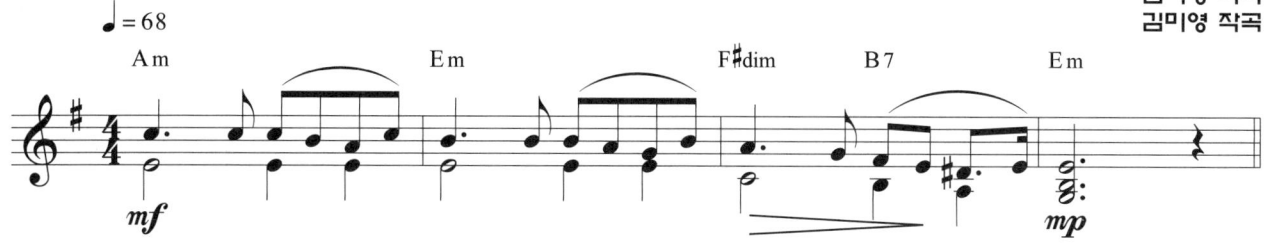

무 엇 이 저 를   하 염 없 ― 이   합   장 하 게 합 니 까
무 엇 이 저 를   눈 물 로 ― 써   기   도 하 게 합 니 까

깊 고 깊 은 곳   다 드 러 내 어   모   두 비 우 렵 니 다
멀 고 머 나 먼   과 거 생 부 터   모   두 비 우 렵 니 다

살 아 가 는 동 안 기   쁨 과 슬 픔 이 부   처 님 법 안 에 서

생   겨 나 서 웃 고 멸   하 여 서 우 니 부   처 님 법 안 이 라

부처님 오신 날

Original Key : G Minor

김어수 작사
김용호 작곡

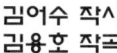

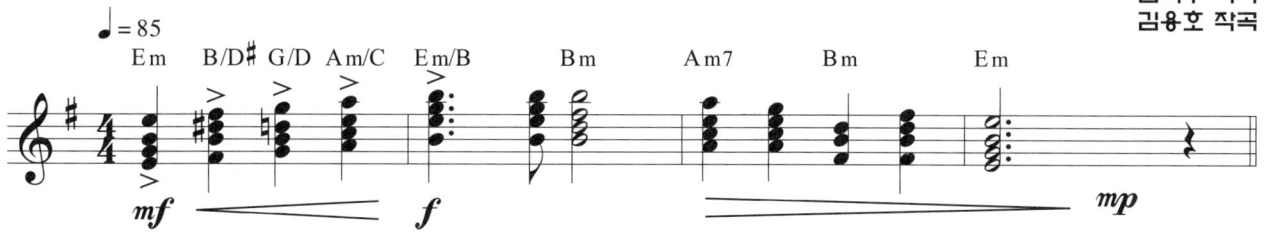

부처님 오신 날

Original Key : B Minor

덕신스님 작사
박범훈 작곡

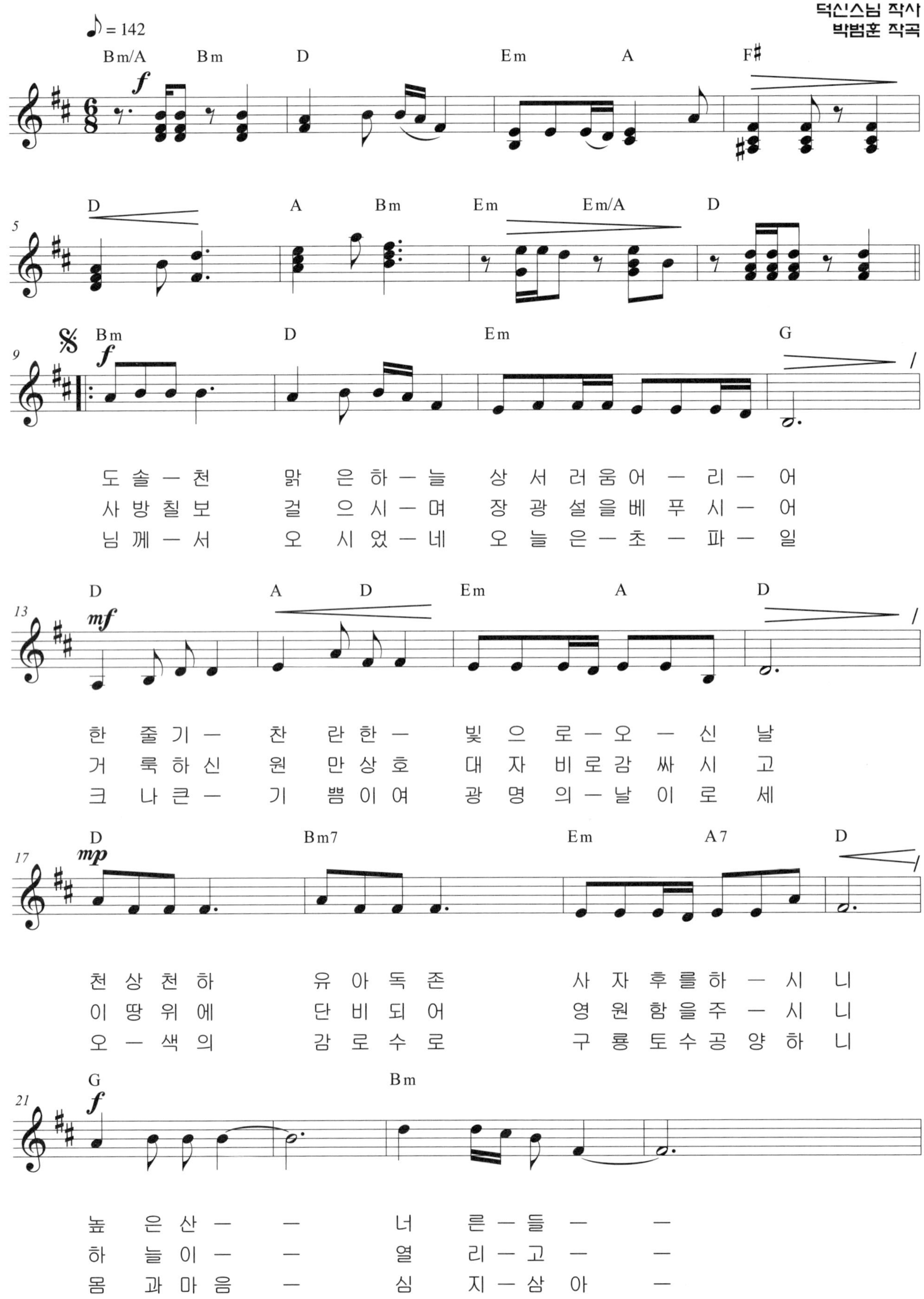

♩ = 142

도솔—천 맑은하—늘 상서러움어—리—어
사방칠보 걸으시—며 장광설을베푸시—어
님께—서 오시었—네 오늘은—초—파—일

한 줄기— 찬 란한— 빛으로—오—신 날
거 룩하신 원 만상호 대자비로감싸시고
크 나큰— 기 쁨이여 광명의—날이로 세

천 상천하 유 아독존 사자후를하—시니
이 땅위에 단 비되어 영원함을주—시니
오—색의 감 로수로 구룡토수공양하니

높 은산— — 너 른—들— —
하 늘이— — 열 리고— —
몸 과마음 — 심 지삼아 —

Original Key : F Major

부처님은 이르시네

정완영 작사
김동환 작곡

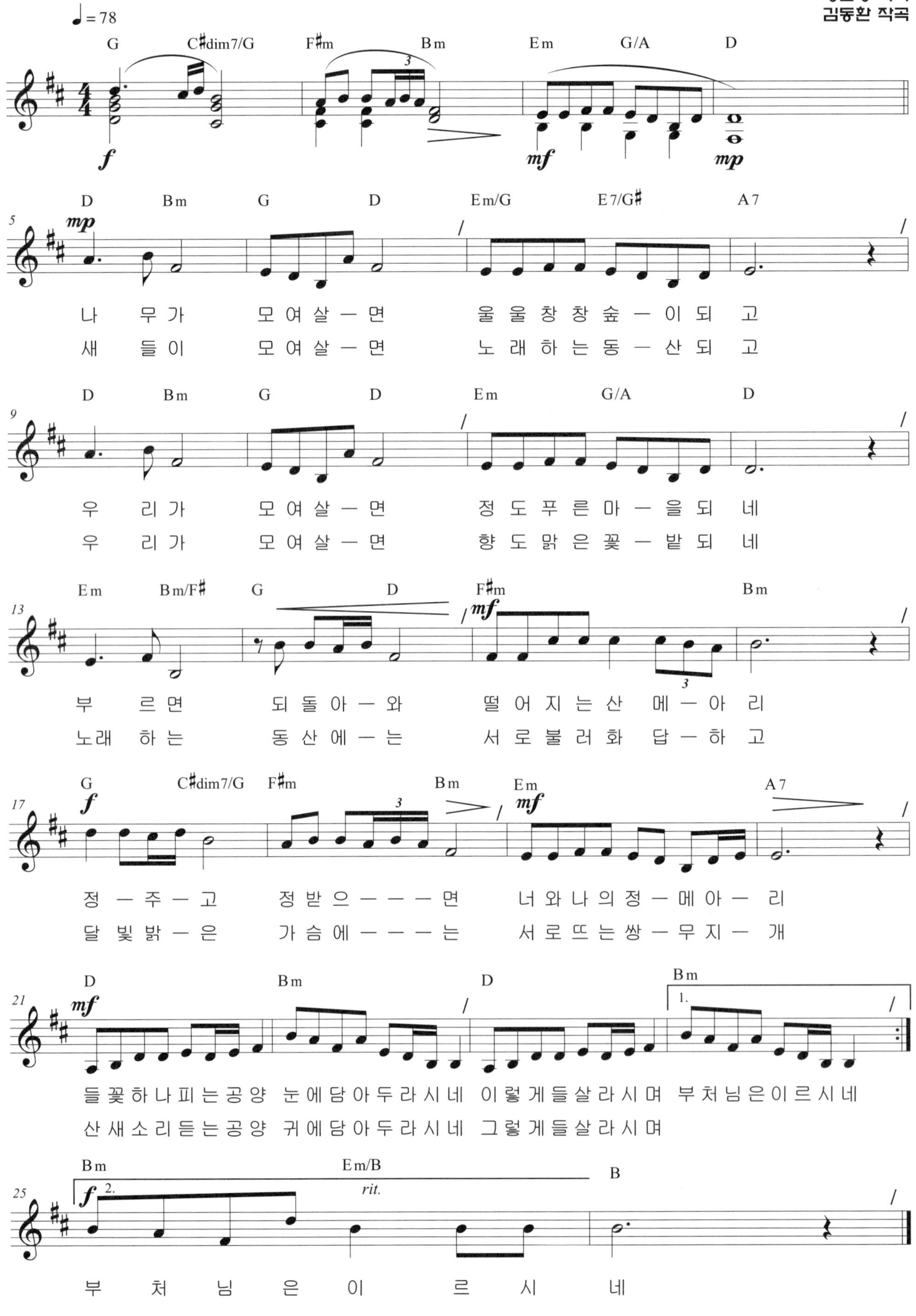

Original Key : Eb Major

부처님을 따르면

황학현 작사
박이제 작곡

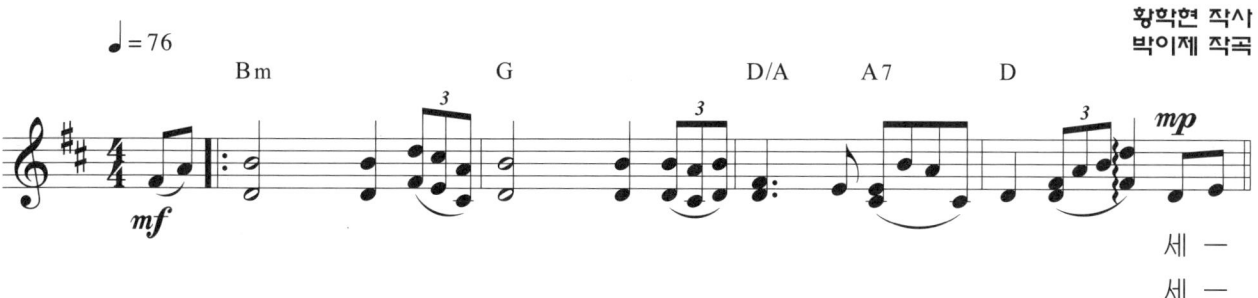
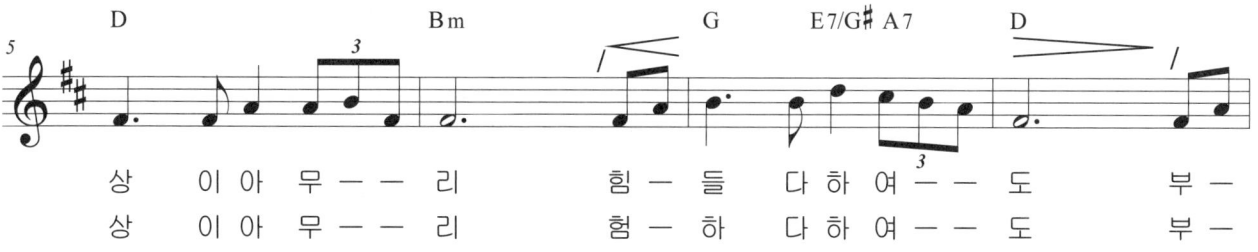

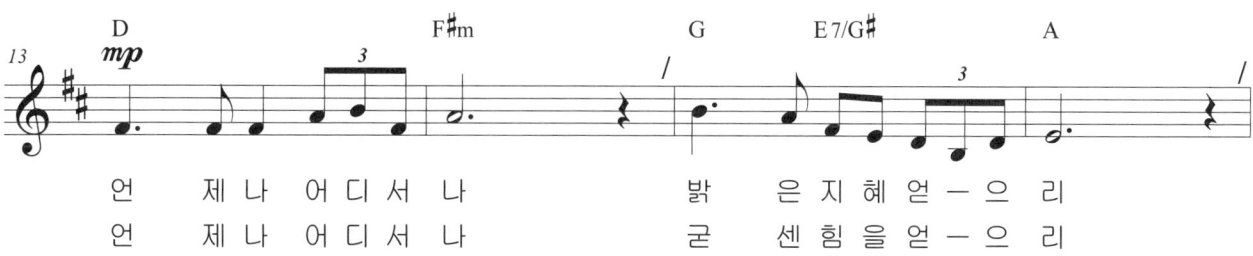

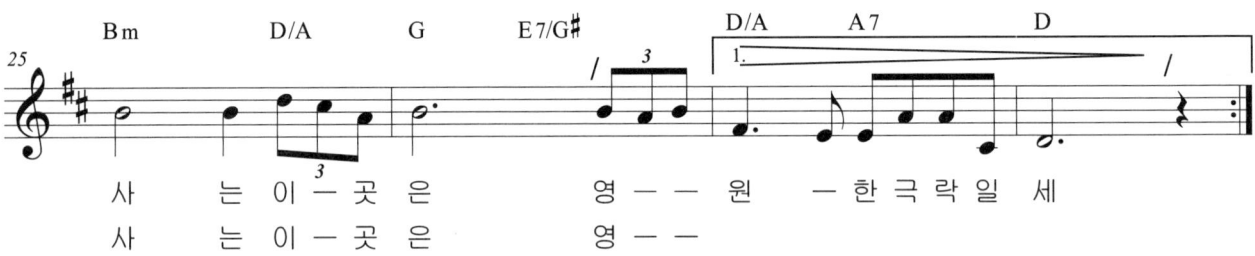
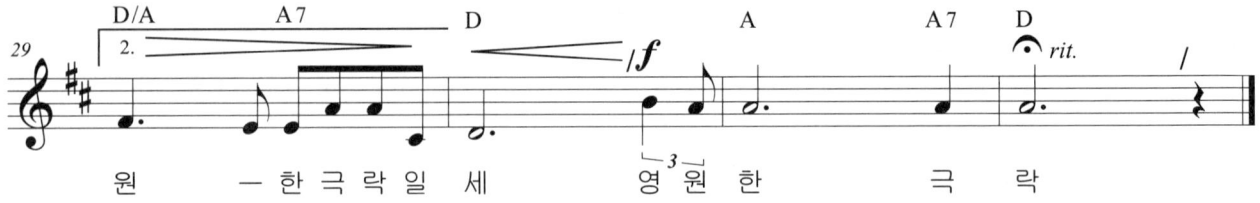

Original Key : F Major

불교도의 노래

서정주 작사
김동진 작곡

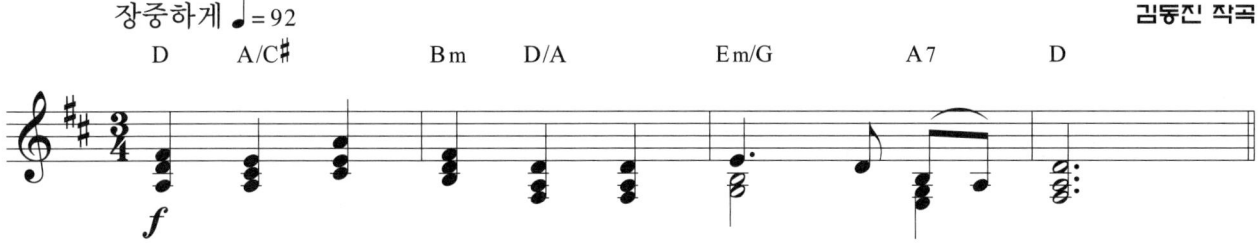

삼 계 의 고 해 에 길 을 밝 히 고
인 연 의 쓰 고 도 아 리 는 사 슬
연 꽃 아 피 어 서 부 처 님 아 래

사 생 의 세 계 에 새 빛 을 더 할
윤 회 의 고 달 픈 머 나 먼 길 을
사 자 야 모 여 서 불 법 지 켜 라

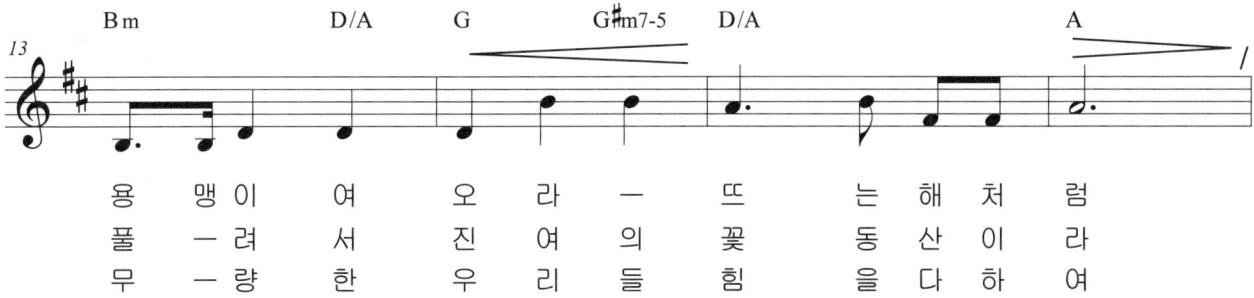

용 맹 이 여 오 라 — 뜨 는 해 처 럼
풀 — 려 서 진 여 의 꽃 동 산 이 라
무 — 량 한 우 리 들 힘 을 다 하 여

불자 행진곡

Original Key : F Major

운문스님 작사
김규환 작곡

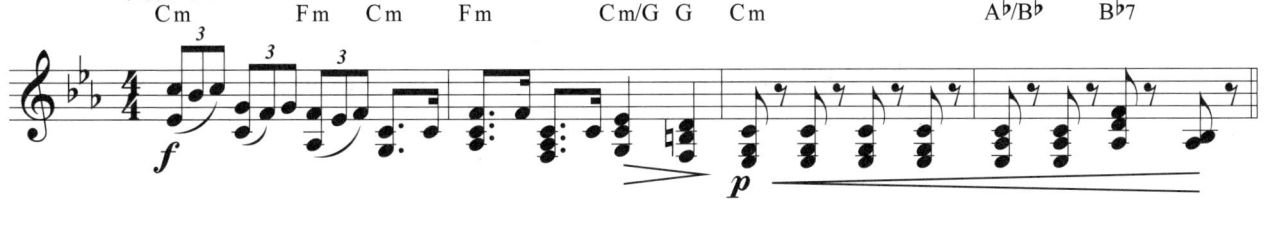

불자여 모이세 세존님빛아래 　세상에서귀—중한 우리들불자는
불자여 오너라 부처님품안에 　세상에서올—바른 우리들불자는

거룩하고밝으신 진—리아래서 　영원한 행—복을 다같이누리세
인자하고따뜻한 님—의품안에 　억겁의 영—화를 다같이누리세

다 같이　　모—이세　　부처님　　성—전에

마 음　양식을 골고루주시리　마 음　양식을 골고루주시리

붓다의 메아리

Original Key : Bb Major

반영규 작사
서창업 작곡

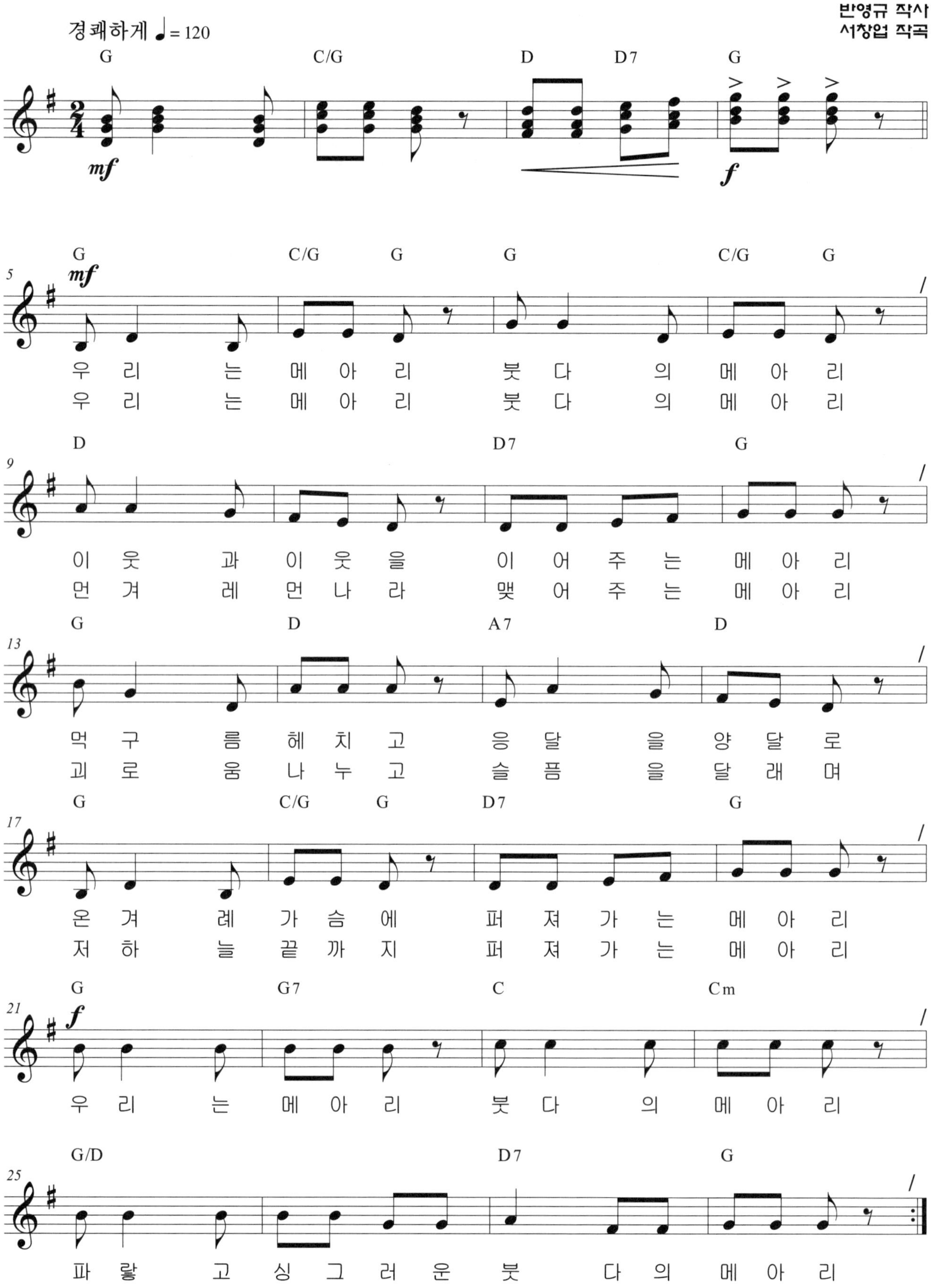

경쾌하게 ♩ = 120

우 리 는 메아리 붓 다 의 메아리
우 리 는 메아리 붓 다 의 메아리

이 웃 과 이웃을 이 어 주는 메아리
먼 겨 레 먼나라 맺 어 주는 메아리

먹 구 름 헤치고 응 달 을 양 달 로
괴 로 움 나누고 슬 픔 을 달 래 며

온 겨 레 가슴에 퍼 져 가는 메아리
저 하 늘 끝까지 퍼 져 가는 메아리

우 리 는 메아리 붓 다 의 메아리

파 랗 고 싱그러운 붓 다 의 메아리

비 원

Original Key : F Major

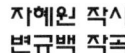

자혜원 작사
변규백 작곡

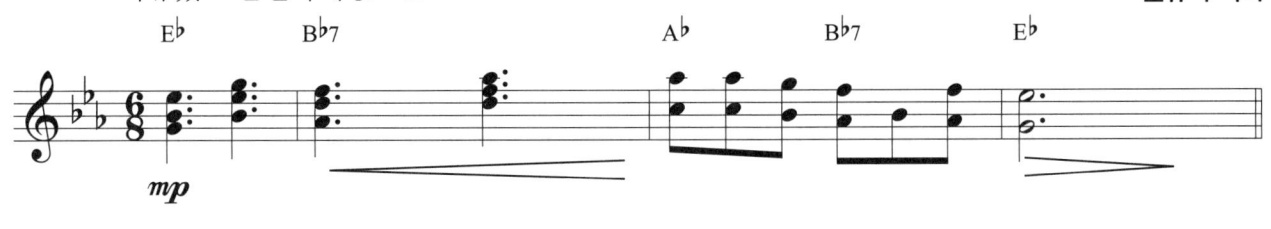

가슴으로 타오르는 그리움 여미 옵고 —
생사의 길 밝혀주는 자비의 등불 아래 —
금색광명 연꽃 들고 사바에 나투신 님 —

다 소곳이 두—손—모아 비—원 아뢰오니 —
구—원의 열—망—품고 님—을 따르오니 —
온 누리에 청—빛—향기 만 중생 인도하사 —

이 번뇌 고이 엮어 종소리로 사루고져 —
영 원한 지혜의 빛 마음 마다 꽃이 피네 —
반 야의 배를 타고 피 안으로 향하오리 —

이 번 뇌 고이 엮어 종소리로 사루고져 —
영 원 한 지혜의빛 마음마다 꽃이 피 네 —
윤 회 의 강을 건너 님의 품에 안기오리 —

빛으로 돌아오소서

Original Key : D Minor

광덕스님 작사
서창업 작곡

숙연하게 ♩=80

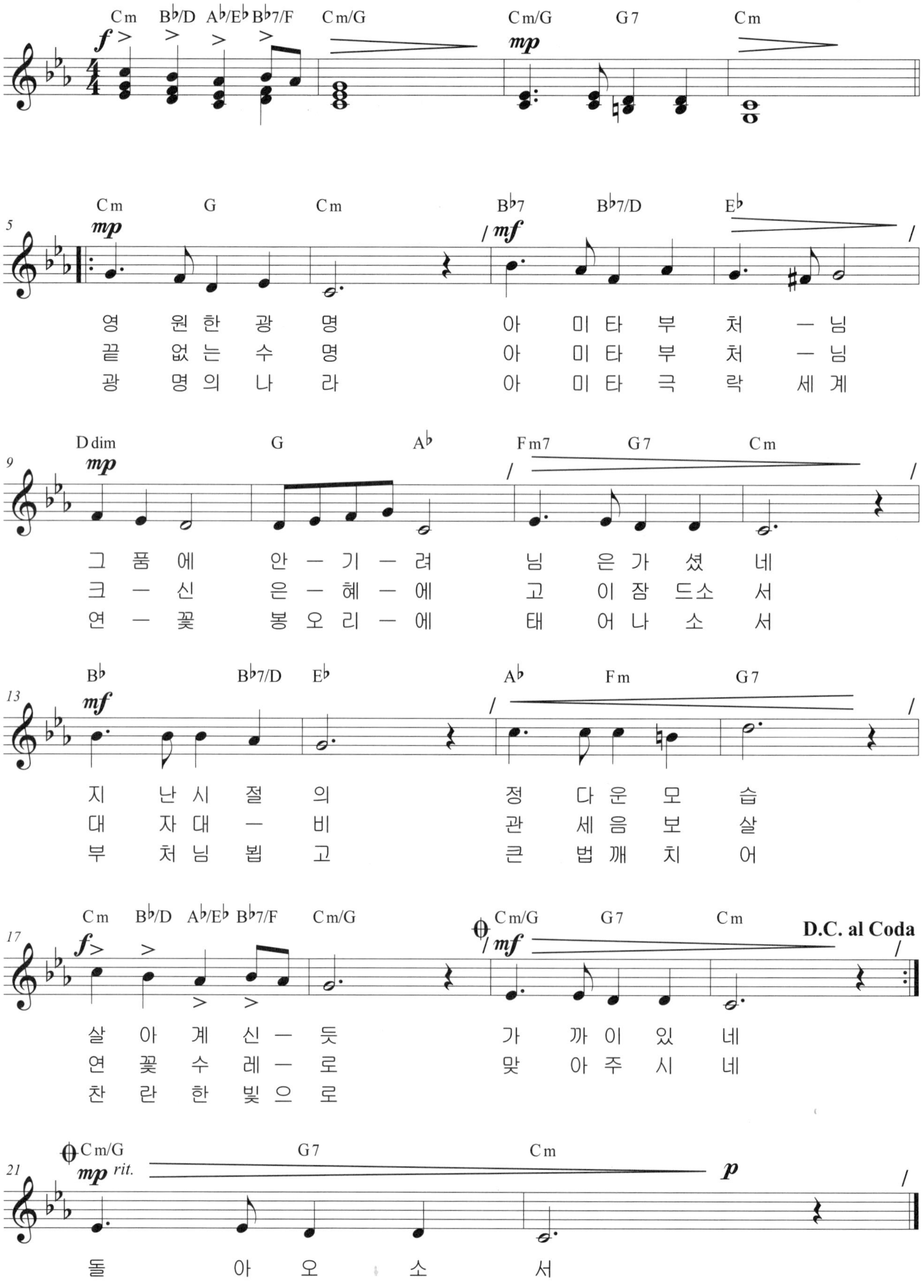

영 원 한 광 명   아 미 타 부 처 — 님
끝 없 는 수 명   아 미 타 부 처 — 님
광 명 의 나 라   아 미 타 극 락 세 계

그 품 에 안 — 기 려   님 은 가 셨 네
크 — 신 은 — 혜 — 에   고 이 잠 드 소 서
연 — 꽃 봉 오 리 — 에   태 어 나 소 서

지 난 시 절 의   정 다 운 모 습
대 자 대 — 비   관 세 음 보 살
부 처 님 뵙 고   큰 법 깨 치 어

살 아 계 신 — 듯   가 까 이 있 네
연 꽃 수 레 — 로   맞 아 주 시 네
찬 란 한 빛 으 로

D.C. al Coda

돌 아 오 소 서

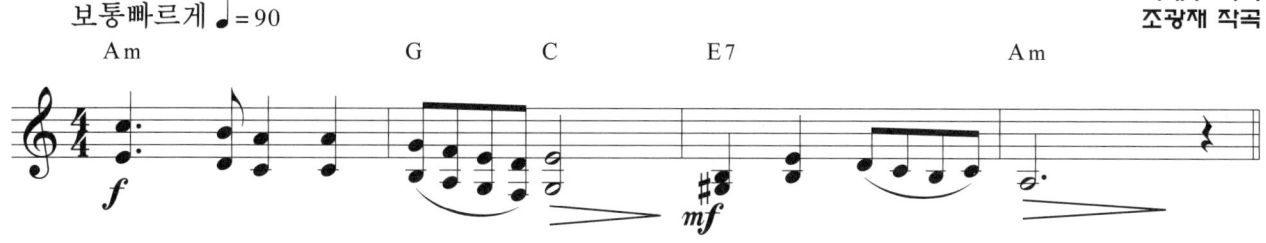
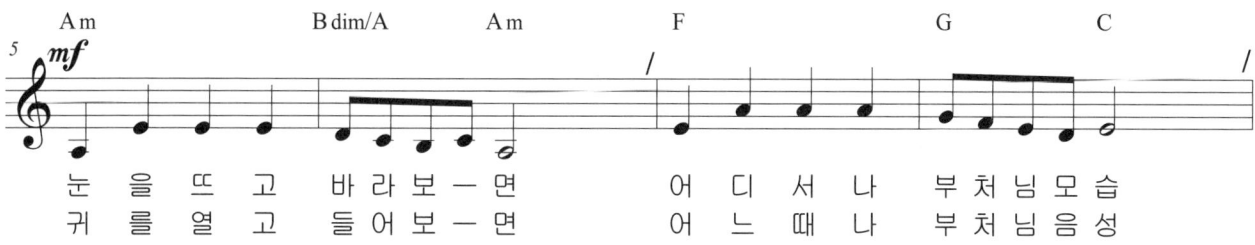
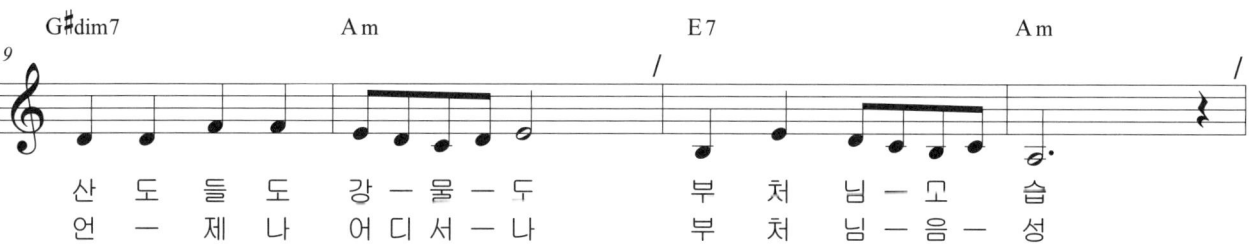

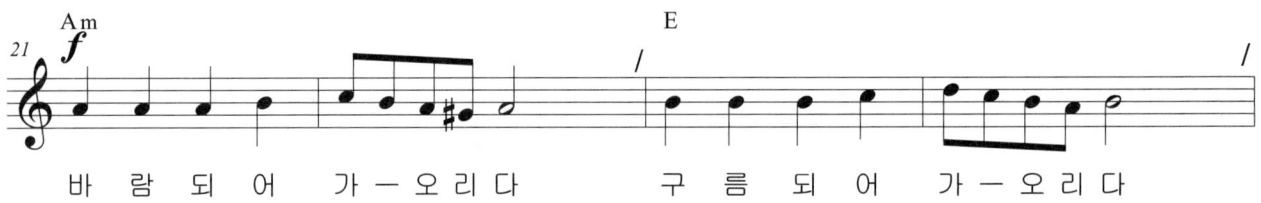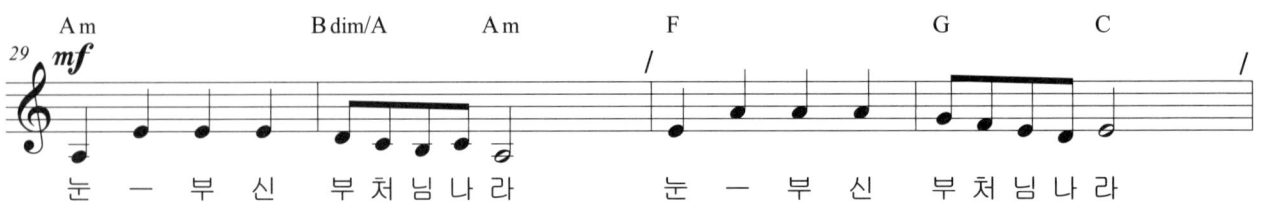

사십구재의 노래

Original Key : E Minor

운문스님 작사
김용호 작곡

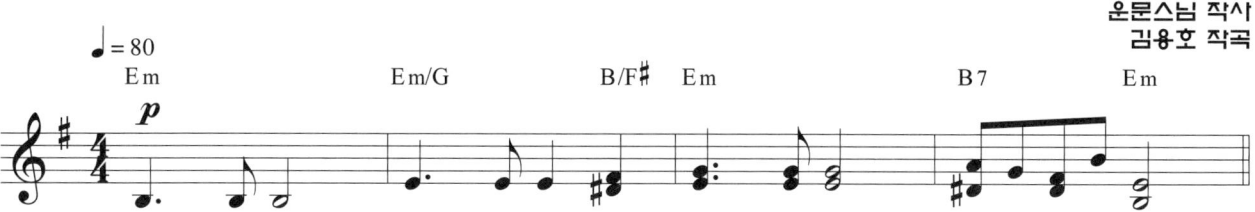

영 가 님 오 실때는 어 디서 오시었으며
영 가 님 오 실때는 본 래로 오신것없고

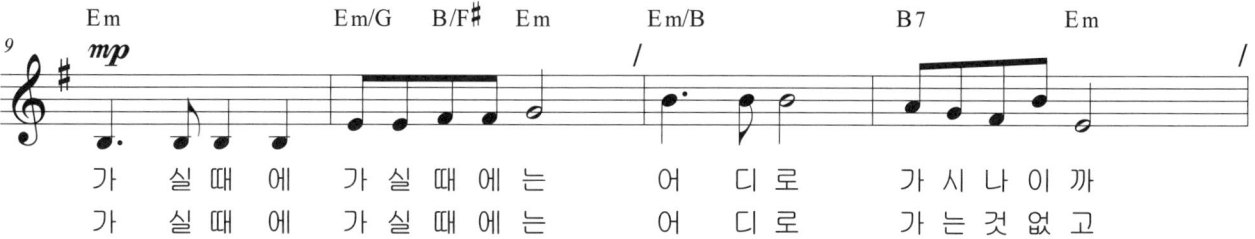

가 실때에 가실때에는 어 디로 가시나이까
가 실때에 가실때에는 어 디로 가는것없고

오 시는것 한조—각 뜬구름 일어남이요
떠 나가고 오는데도 상관이없—사오니

가 시는것 한조—각 뜬구름 스러짐일세
그 대의— 참모습은 눈앞에 눈앞에있네

(염불하듯)

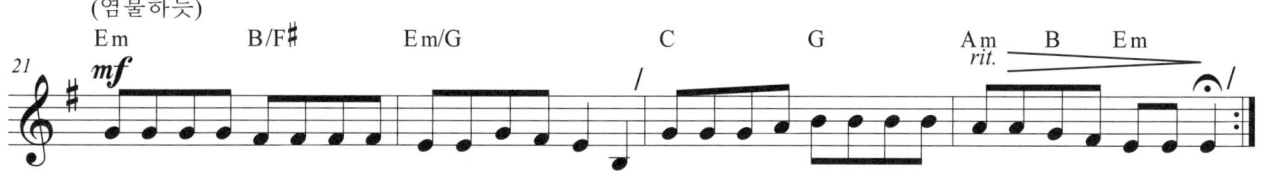

님가신지사십구일 안에재올리고 부처님께공덕쌓을 사십구일재라네

산은 산 물은 물이로다

Original Key : G Major

성철스님 작사
박이제 작곡

Original Key : Eb Major

상사디야 우리 스승

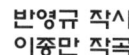

반영규 작사
이종만 작곡

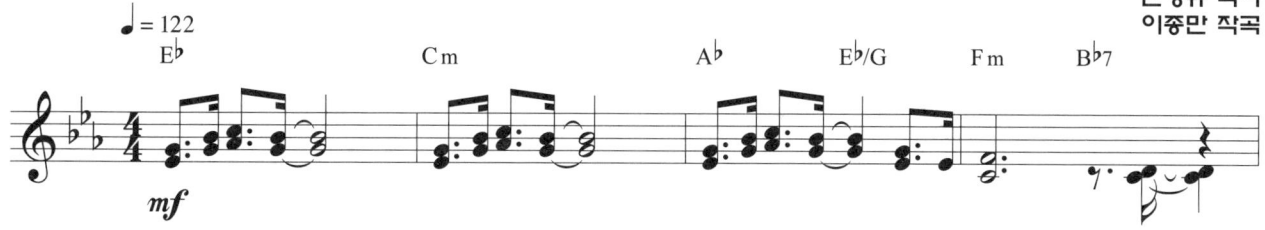

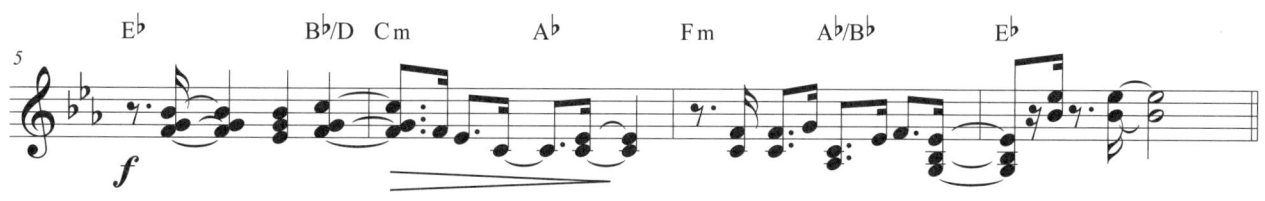

따 — 뜻한 — 햇 — — 살 — 영 — 롱한 오색 구름 —
반 — 만년 — 배 달의 터 — 칠 — 보꽃 빛 — 나고 —
백 두에서 — 한 라 까지 — 무 — 궁화 만 발하고 —

대 — — 광명 비 — 추며 — 부처님 오 — 시니 —
사 — — 생의 어 — 버이 — 빛으로 오 — 시니 —
푸 르 — 른 산 황 — 금 벌 — 칠 보 로 빛 — 나니 —

중생들 한맘으로 두손 모아 — 백 — 천번 예 — 배해 —
무명의 중 — 생들 감 — 로로 — 몸 — — 과 마음 닦아 —
이 땅의 만 — 중생 복과 덕을 — 고 — 루 — 누 — 리네 —

찬불가곡 | 103

사 바 — — 세 — 계 — 고 — 해 가 —   자 비 의 불 — 국 토 —
탐 욕 — 과 미 — 움은 지 혜 되 어 —   자 비 의 불 — 국 토 —
오 늘 — 도 꽃 — 비가 내 — 리 는 —   자 비 의 불 — 국 토 —

어 허 — 라 — 상 사 디 야 —   어 허 — 라 상 사 디 야 우 리 스 승 —

대 광 명 비 추 며 오 — 셨 네 —   마 하 반 야 바 — 라 밀 —

Original Key : Eb Major

생명의 빛

생명의 빛[이조]

범조스님 작사
길옥윤 작곡

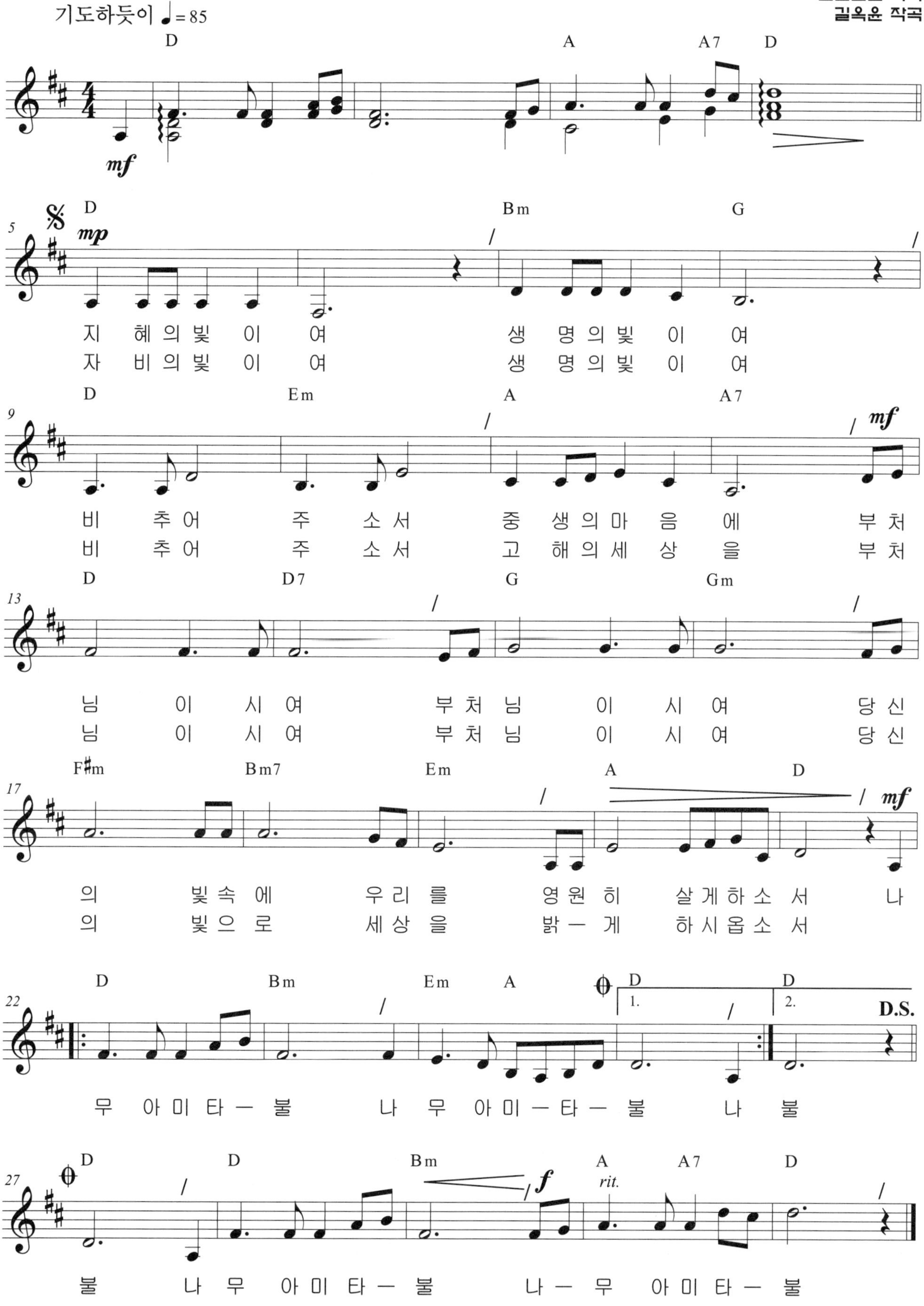

Original Key : C Major

성도재의 노래

성도재의 노래[이초]

혜성스님 작사
서창업 작곡

천천히 경건하게 ♩= 74

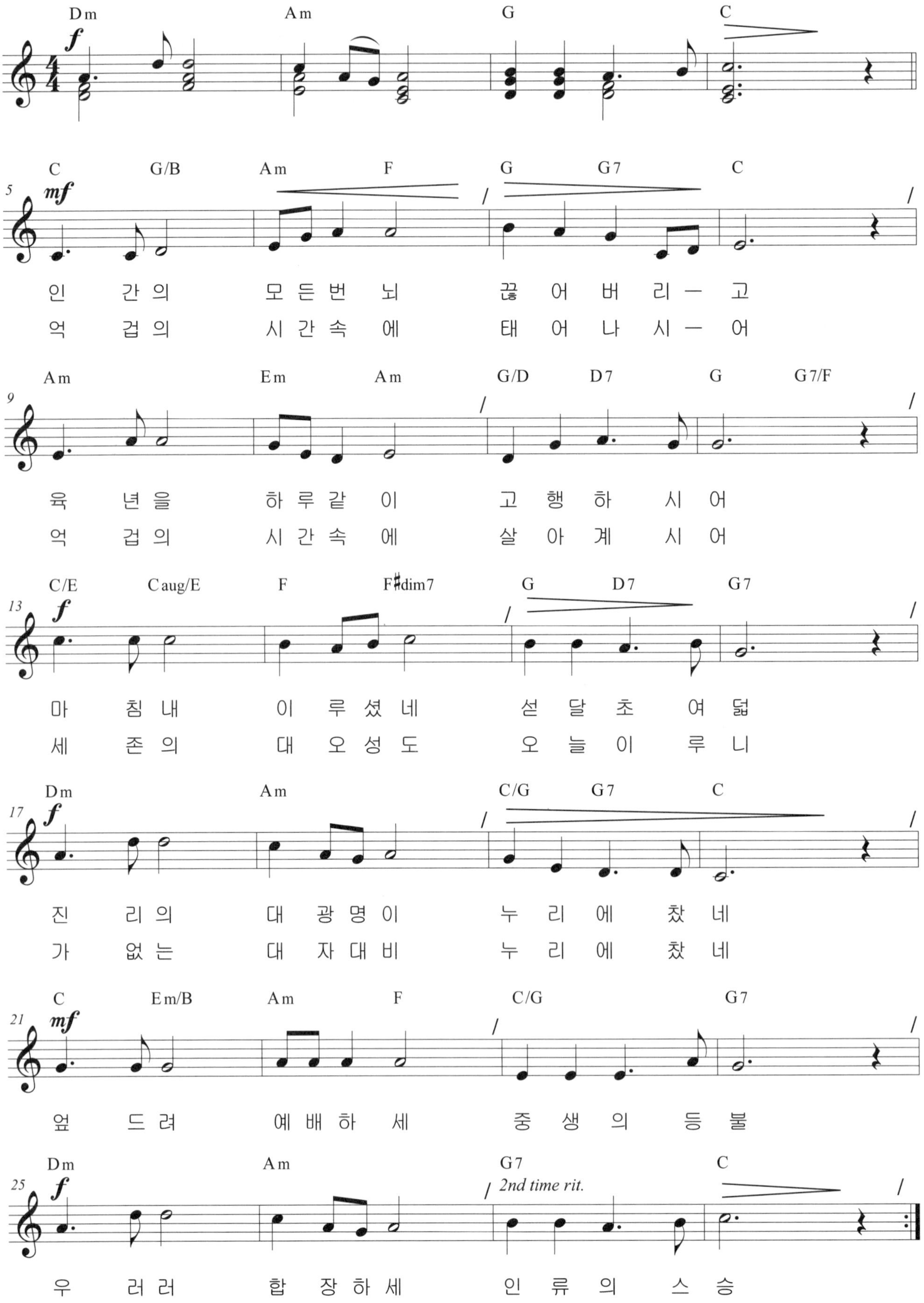

성불을 위하여

Original Key : D Major

천양희 작사
이달철 작곡

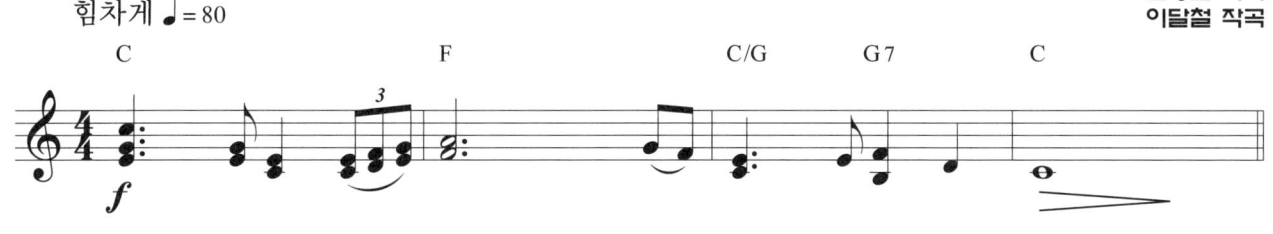

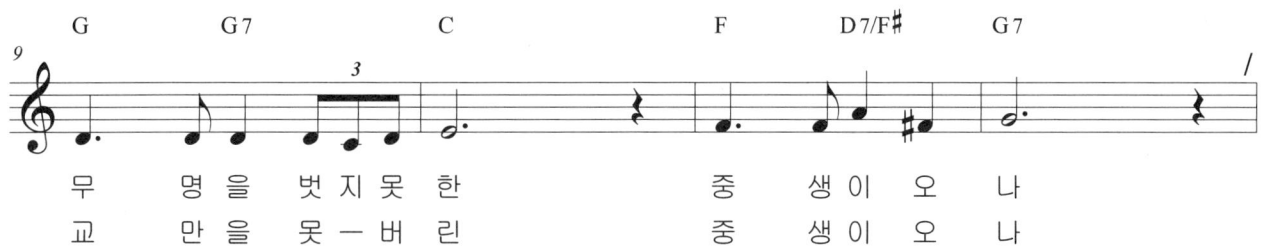

성불 이루리

Original Key : Eb Minor

법운스님 작사
강영환 작곡

Andantino Moderato espressivo ♩ = 70

살 — 며 — 시 눈을 감 — 고 참 나를 — 보 — 세
무 — 명 — 을 씻 — — — 고 마음 밝히 어 보 세

과 — 거 — 사 모 든 도 — 움 가 피 이 었 — 네
세 — 상 — 사 모 든 은 — 혜 행 복 이 었 — 네

관 음 보 살 — 천 손 으 로 — 감 싸 — 주 시 니
보 현 보 살 — 길 — 밝 혀 — 인 도 — 하 시 니

아 미 타 불 — 무 량 수 전 — 극 락 의 정 — 토
비 로 자 나 — 미 소 에 는 — 수 인 의 진 — 리

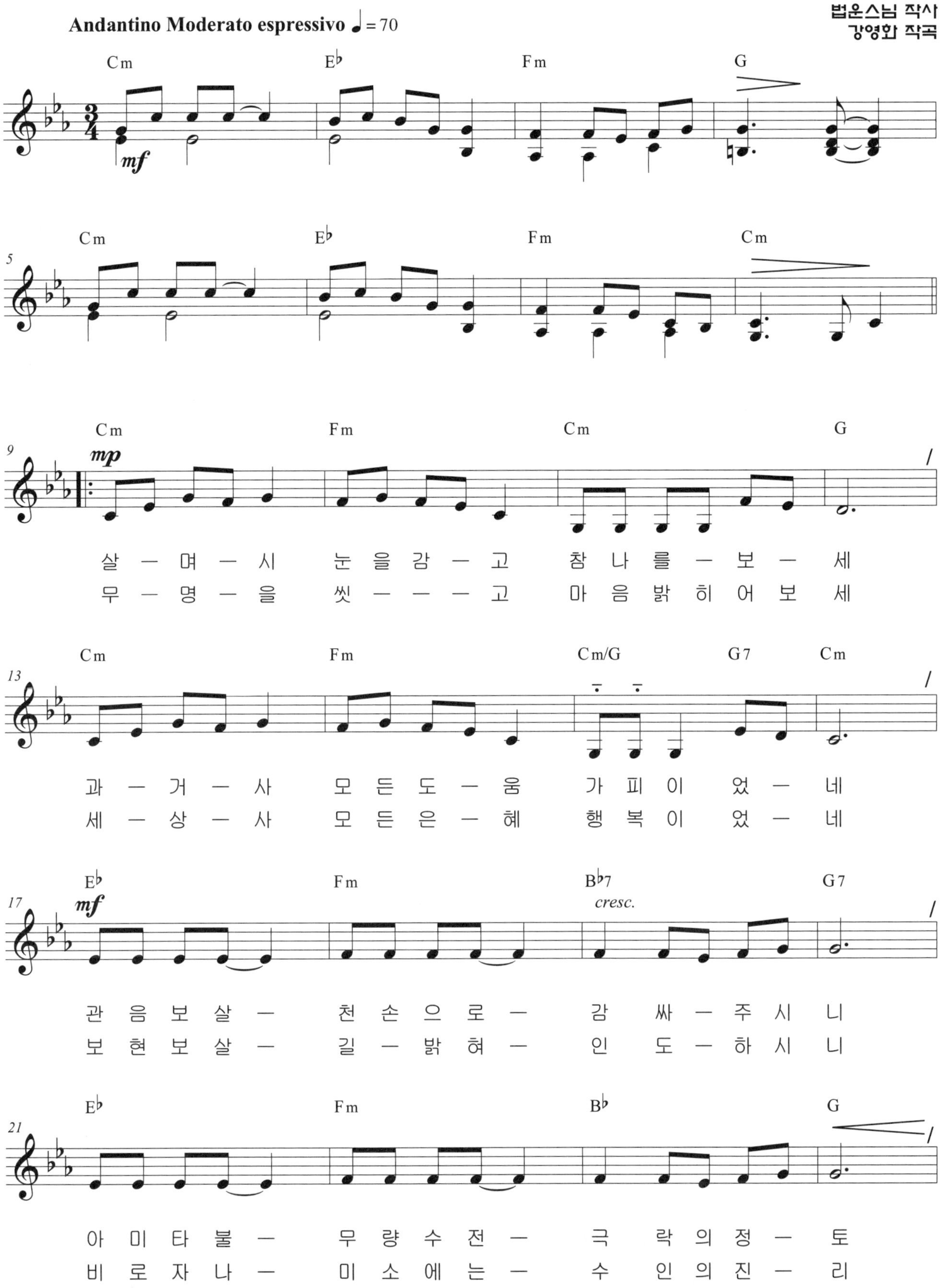

성불 향하여

Original Key : D Minor

황영선 작사
황영선 작곡

아침 서곡

Original Key : C Major

곽영석 작사
서근영 작곡

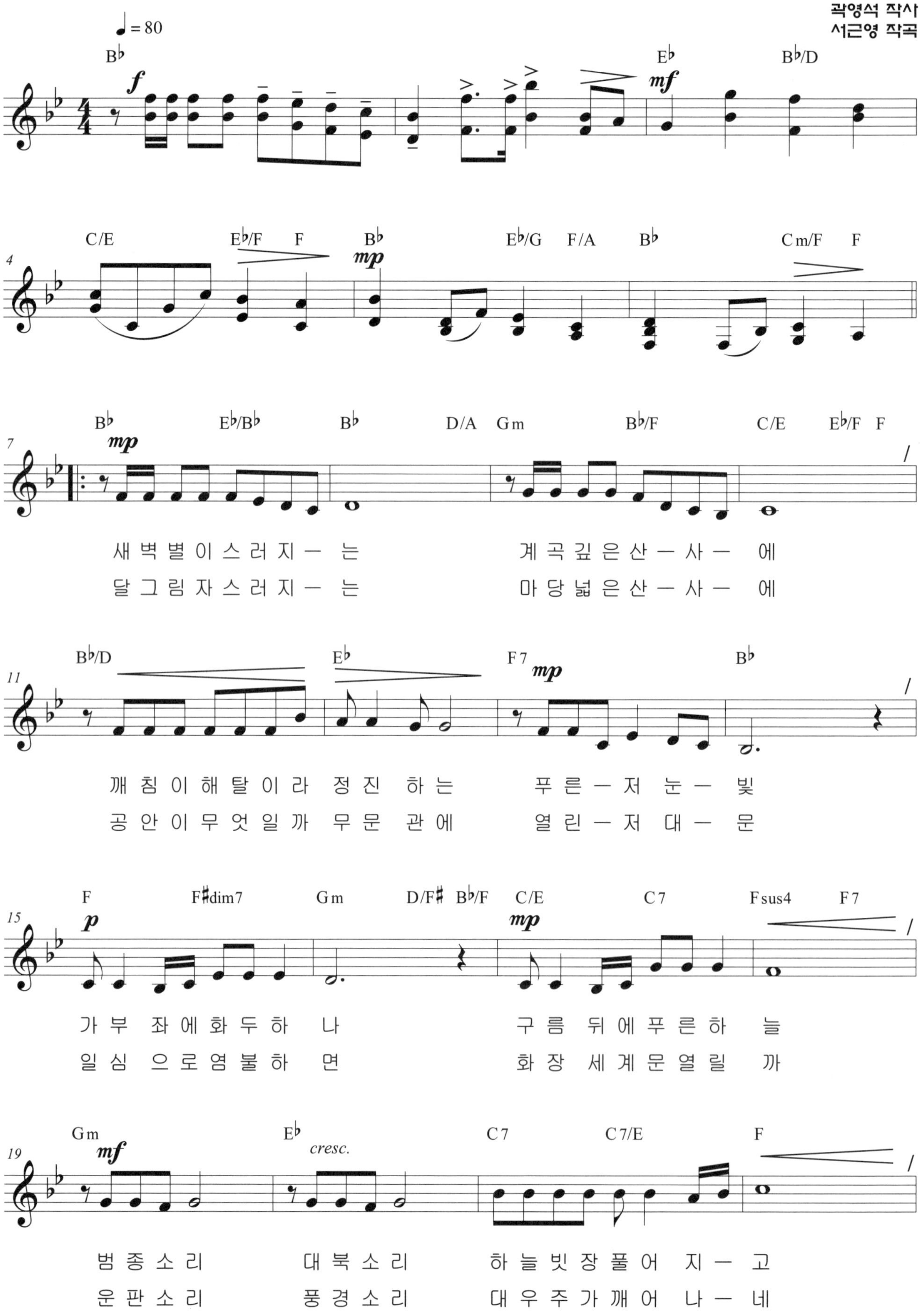

새벽 별 이 스러지 - 는 계곡 깊은 산 - 사 - 에
달 그림자 스러지 - 는 마당 넓은 산 - 사 - 에

깨침이 해탈이라 정진 하는 푸른 - 저 눈 - 빛
공안이 무엇일까 무문 관에 열린 - 저 대 - 문

가 부 좌에 화두하 나 구름 뒤에 푸른하 늘
일 심 으로 영불하 면 화장 세계 문열릴 까

범 종 소 리 대 북 소 리 하늘빛 장 풀어 지 - 고
운 판 소 리 풍 경 소 리 대 우주가 깨어 나 - 네

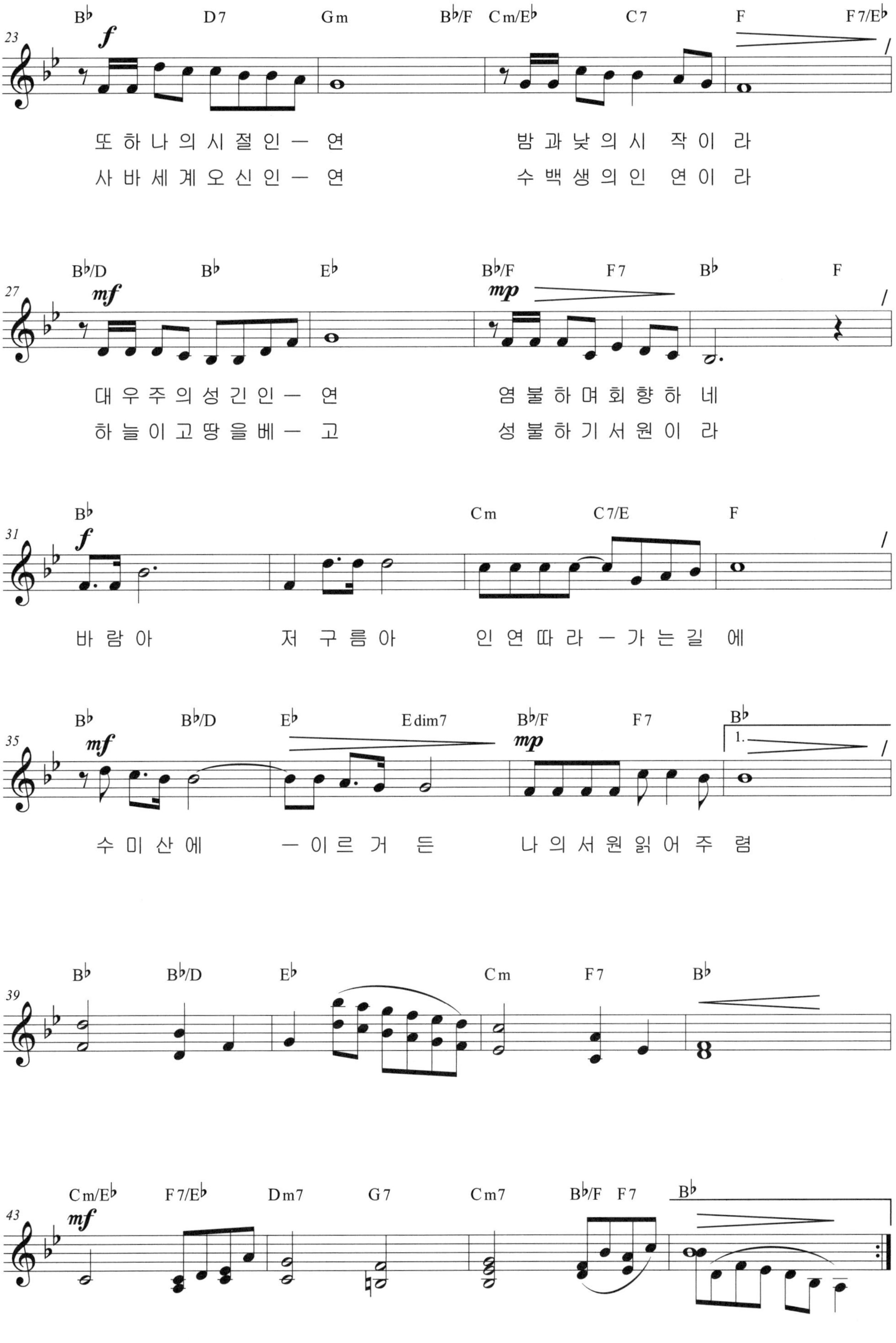
B♭ D7 Gm B♭/F Cm/E♭ C7 F F7/E♭
f
또 하 나 의 시 절 인 ㅡ 연 밤 과 낮 의 시 작 이 라
사 바 세 계 오 신 인 ㅡ 연 수 백 생 의 인 연 이 라
B♭/D B♭ E♭ B♭/F F7 B♭ F
mf mp
대 우 주 의 성 긴 인 ㅡ 연 염 불 하 며 회 향 하 네
하 늘 이 고 땅 을 베 ㅡ 고 성 불 하 기 서 원 이 라
B♭ Cm C7/E F
f
바 람 아 저 구 름 아 인 연 따 라 ㅡ 가 는 길 에
B♭ B♭/D E♭ Edim7 B♭/F F7 B♭
mf mp
수 미 산 에 ㅡ 이 르 거 든 나 의 서 원 읽 어 주 렴
B♭ B♭/D E♭ Cm F7 B♭
Cm/E♭ F7/E♭ Dm7 G7 Cm7 B♭/F F7 B♭
mf

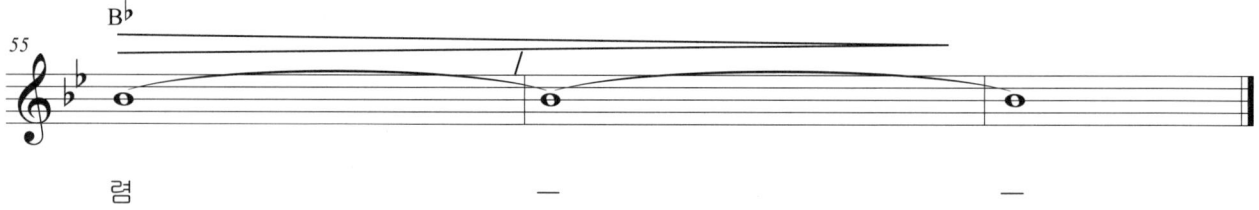

어머니의 발원 보따리

Original Key : C# Minor

박정희 작사
서근영 작곡

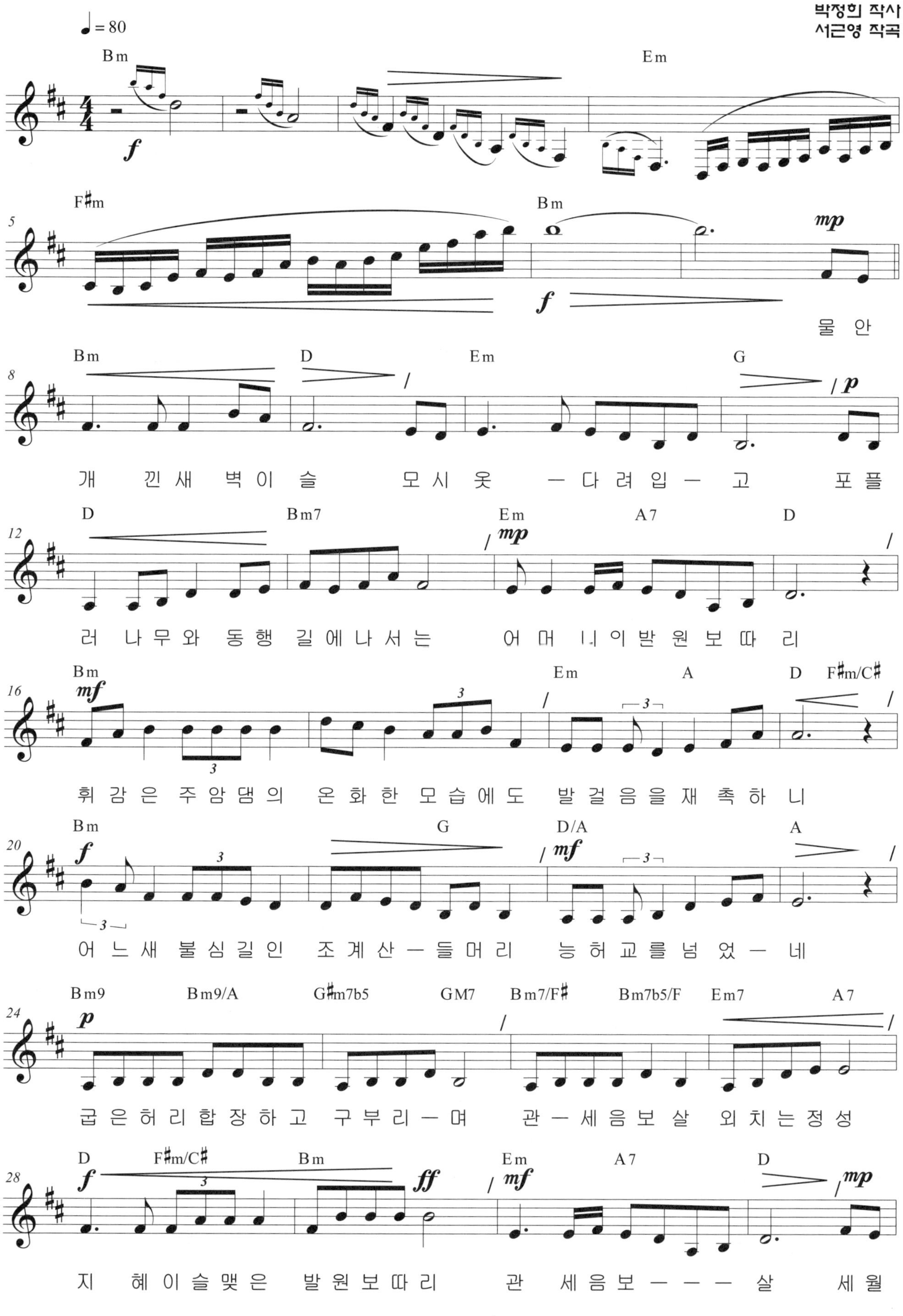

얼마나 닦아야 거울 마음 닮을까

Original Key : C Major

대우스님 작사
조영근 작곡

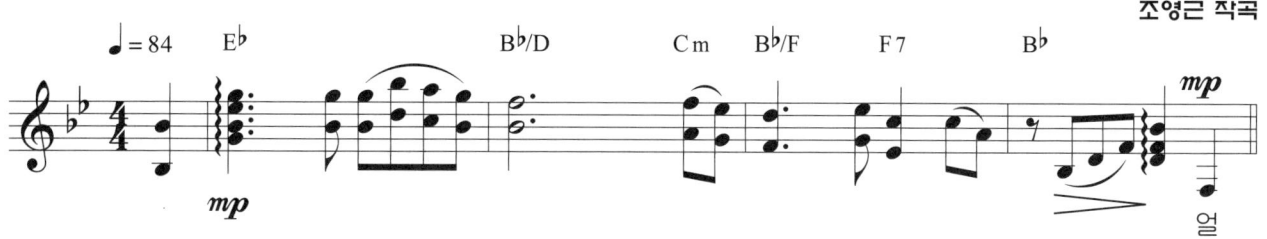

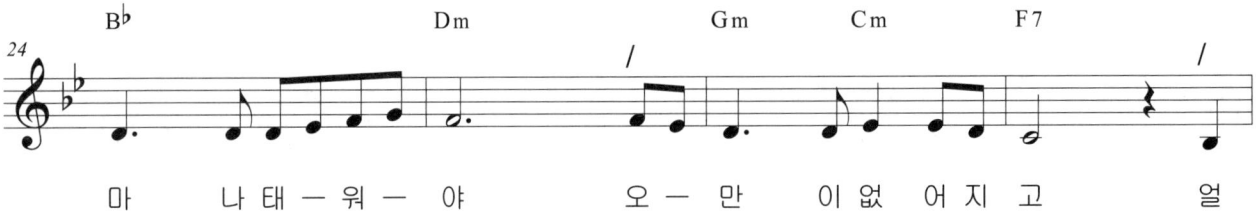

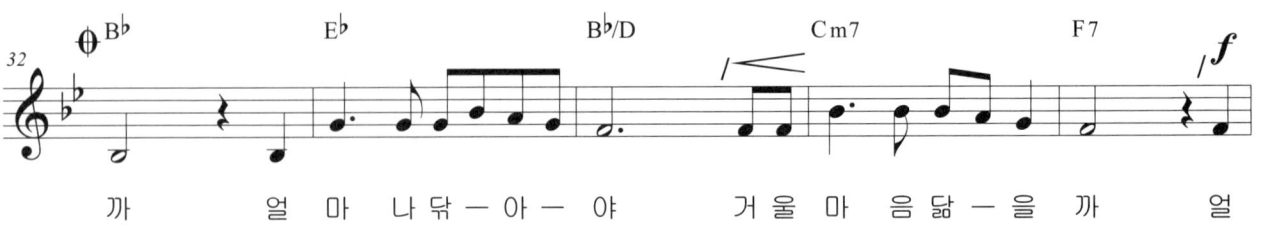

연꽃 피어오르리

Original Key : Eb Major

덕신스님 작사
김희경 작곡

연꽃 향기

Original Key : Eb Major

최동호 작사
조원행 작곡

연 등

Original Key : E Minor

선진규 작사
김용호 작곡

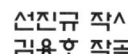
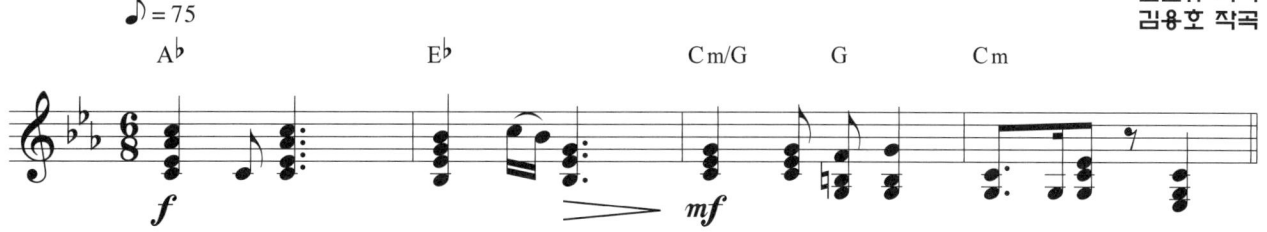

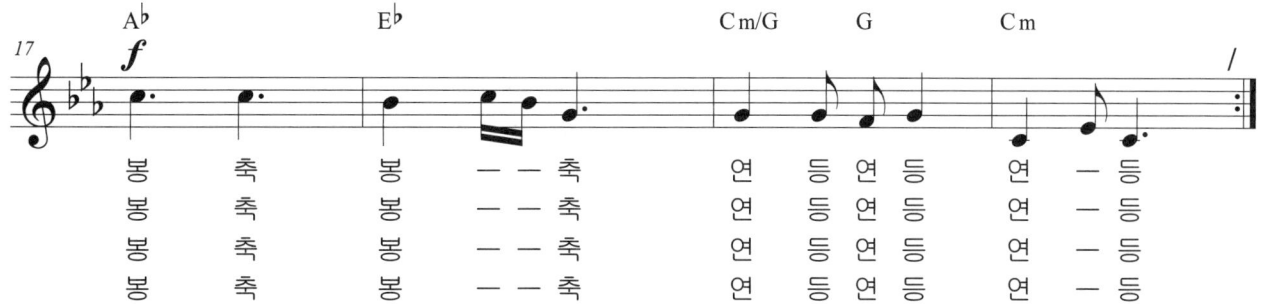

연등 공양 올려요

Original Key : G Major

김정자 작사
이중만 작곡

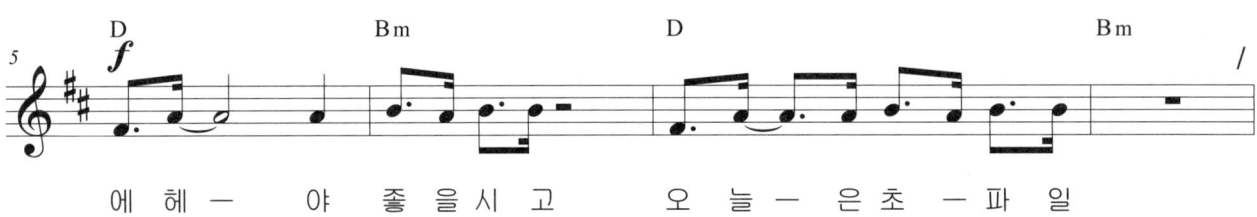
에헤— 야 좋을시고   오늘—은초—파일

더덩—덩실춤—추며—   연등공양올—려요—

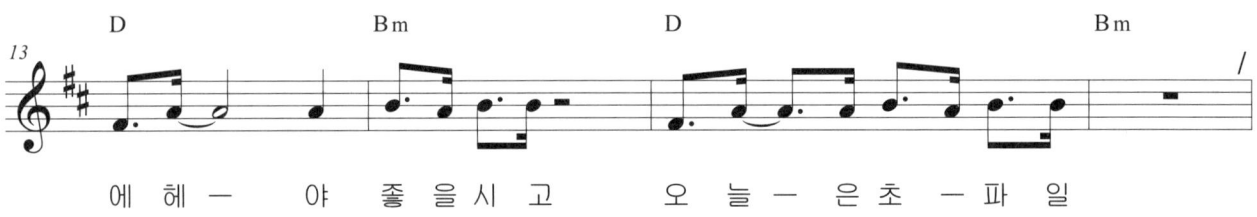
에헤— 야 좋을시고   오늘—은초—파일

더덩—덩실춤—추며—   연등공양올—려요—

Original Key : Ab Major

연등 들어 밝히자

김현성 작사
김현성 작곡

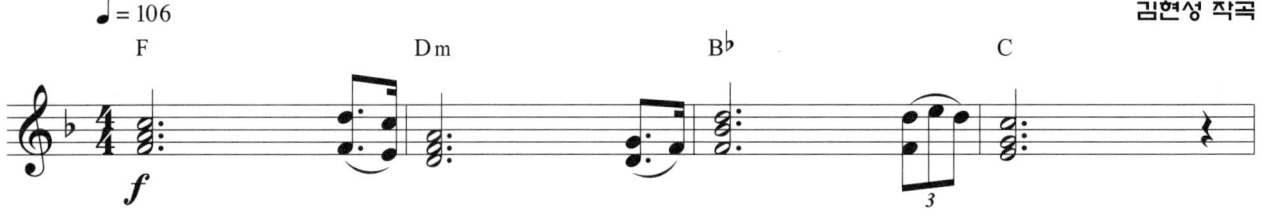

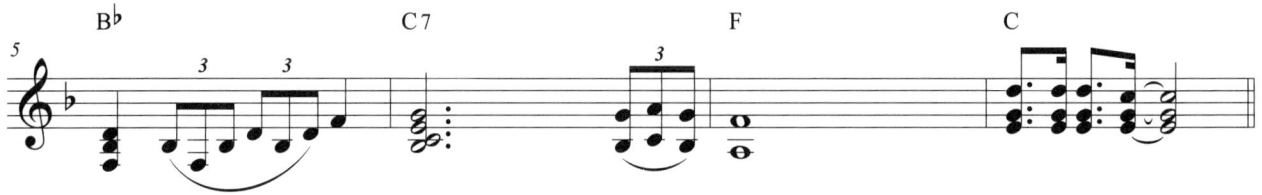
오늘은 부처님 오—신 날— 연등을 들어 마음 밝—히자—

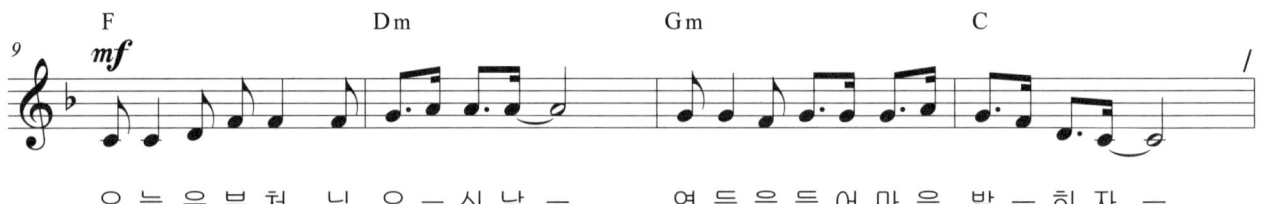
오늘은 부처님 오—신 날— 연등을 들어 세상 밝—히자—

우리의 마음 열어 주시—는 님— 너와 나의 손을 잡아 주시는 님—

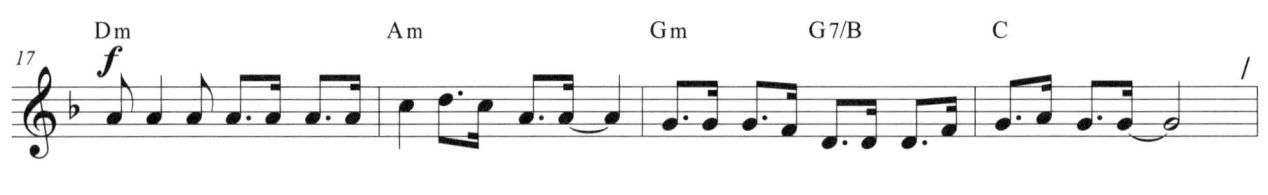
봄 꽃이 피고— 새가— 날고— 바다에 고기 힘—차고—

Original Key : E Minor

영 혼

강주현 작사
강주현 작곡

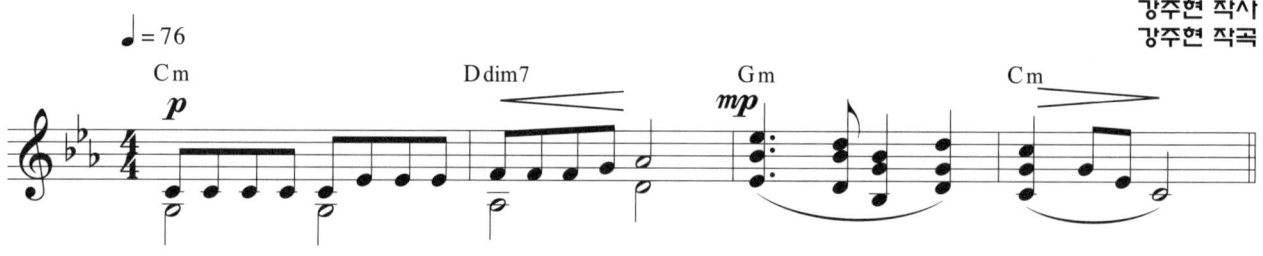

다 생 동 안 — 맺 은 원 결 — 벗 지 못 하 면
사 바 인 연 — 다 해 가 신 — 영 가 시 — 여
다 생 다 겁 — 지 은 업 장 — 벗 어 나 시 어

이 승 저 승 — 헤 매 나 니 — 그 무 엇 에 얽 매 여 서
오 는 것 도 — 인 연 이 요 — 돌 아 감 도 인 연 이 네
집 착 끊 고 — 미 련 버 려 — 생 사 윤 회 업 따 르 니

미 련 두 어 헤 매 — 나 사 랑 하 는 마 음
그 무 엇 에 슬 퍼 하 오 인 연 다 한 육 신
모 든 생 멸 허 공 속 의 꿈 결 같 으 — 니

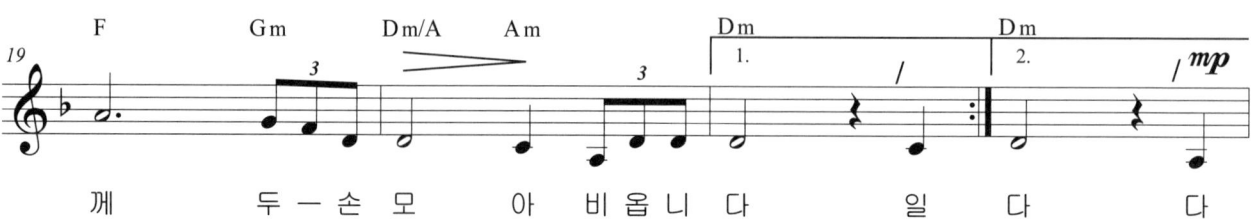

오늘 기쁜 날

Original Key : F Major

반영규 작사
정부기 작곡

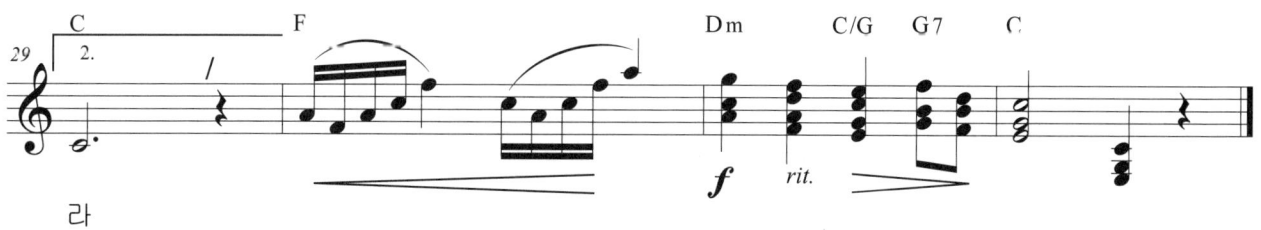

오호라 꽃잎이여

Original Key : C Minor

정광수 작사
라음파 작곡

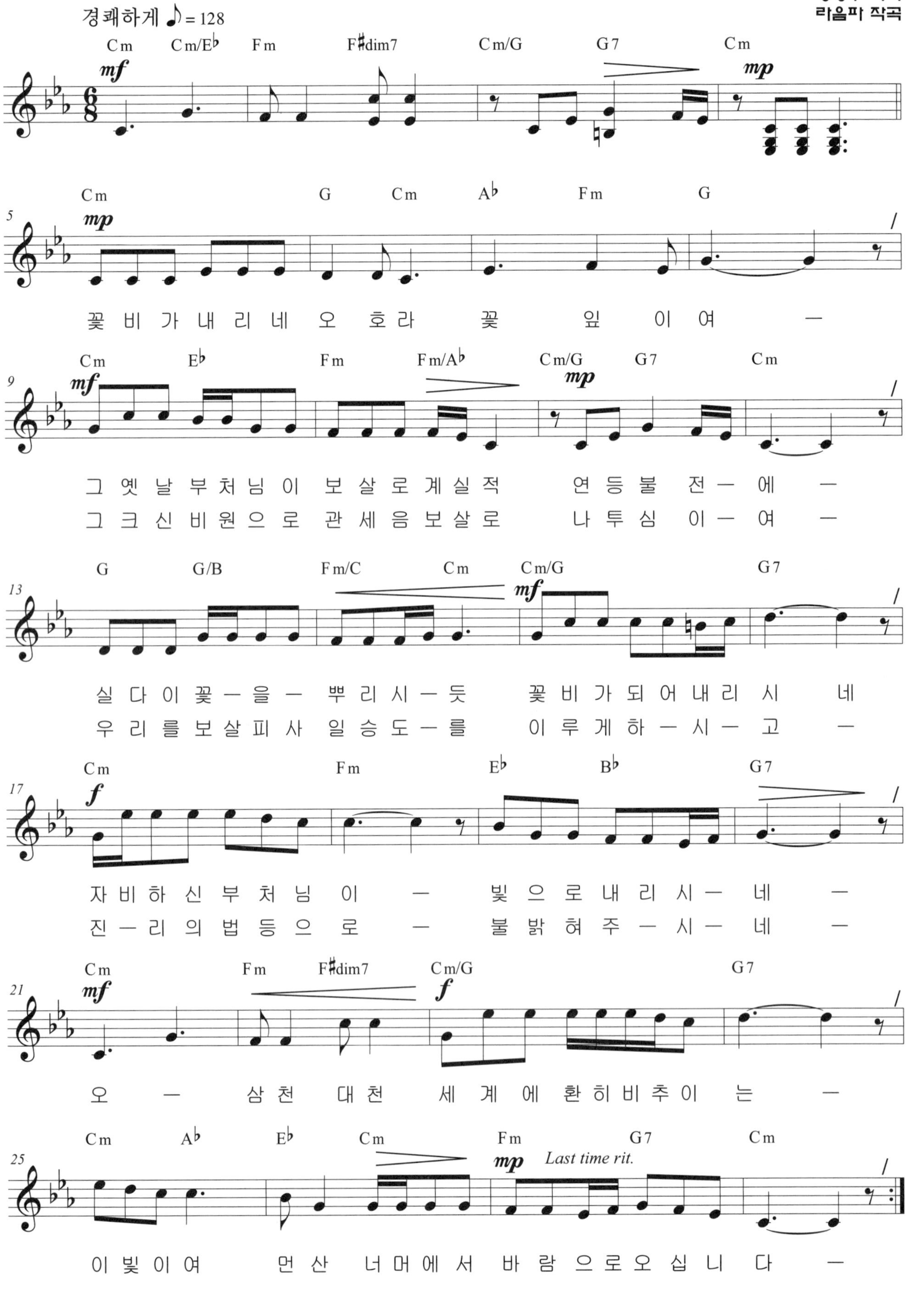

경쾌하게 ♪ = 128

꽃비가 내리네 오호라 꽃잎이여 —

그 옛날 부처님이 보살로 계실적 연등불 전에 —
그 크신 비원으로 관세음보살로 나투심이여 —

심다이 꽃을 뿌리시듯 꽃비가 되어 내리시네
우리를 보살피사 일승도를 이루게 하시고 —

자비하신 부처님이 — 빛으로 내리시네 —
진리의 법등으로 — 불 밝혀 주시네 —

오 — 삼천 대천 세계에 환히 비추이는 —

이 빛이여 먼 산 너머에서 바람으로 오십니다 —

왕생극락의 노래

Original Key : C Minor

정완영 작사
김희경 작곡

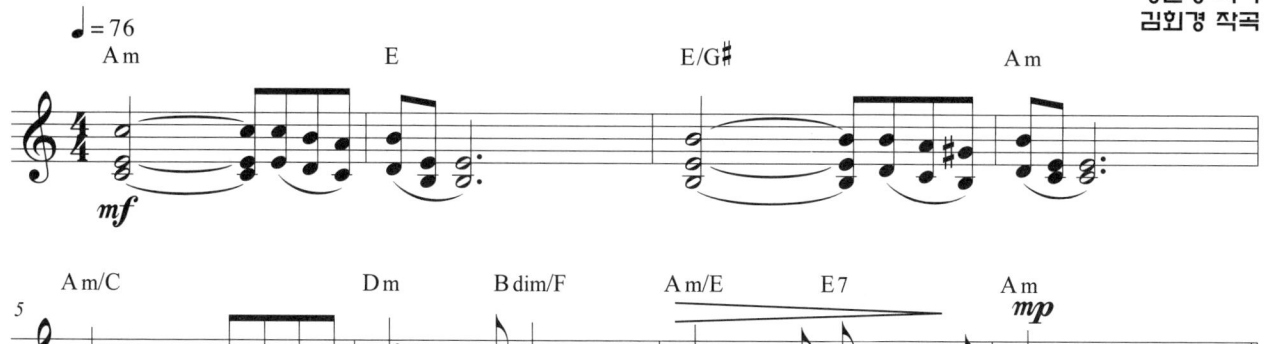

뻘 흙 같 — 은 이 — 세상에   목 숨으로뿌리내 — 려
저 — 하 늘 한 — 장구름   이 는것이삶이라 — 면

곧 은 줄 — 기 추 — 스 려서   목 마름도달랬 었 고
깊 — 은 물 달 — 그 림자   잠 긴것이죽음 이 라

푸 른 바람 받 아 내 — 려   연 잎으로실었 거 — 니
구 — 름 과 달 — 그 림자   본 래실상없는 것 — 을

왕 생 극 락 — 하 — 신 날에   연 화대에오르 소 서
한 — 줄 — 기 푸 — 른 연기   열 반경에드옵 소 서

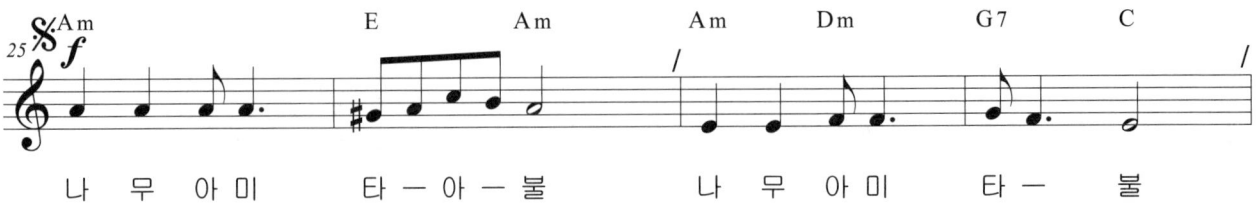
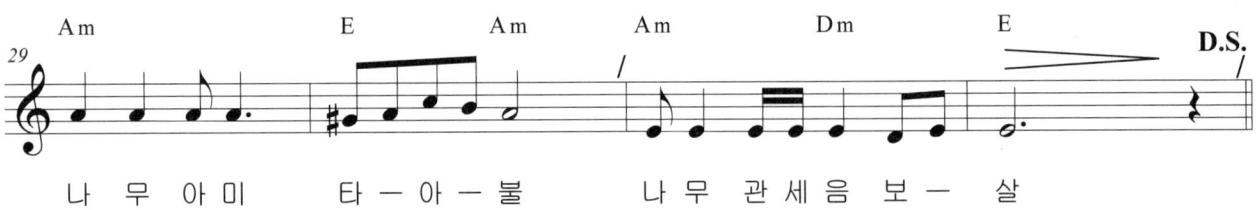
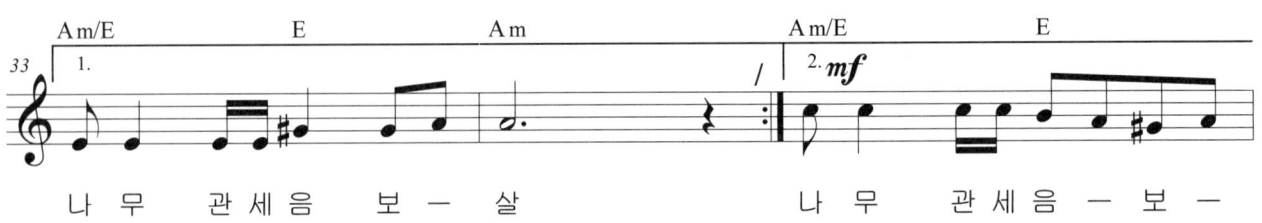

욕망의 강

Original Key : A Minor

황학현 작사
한성훈 작곡

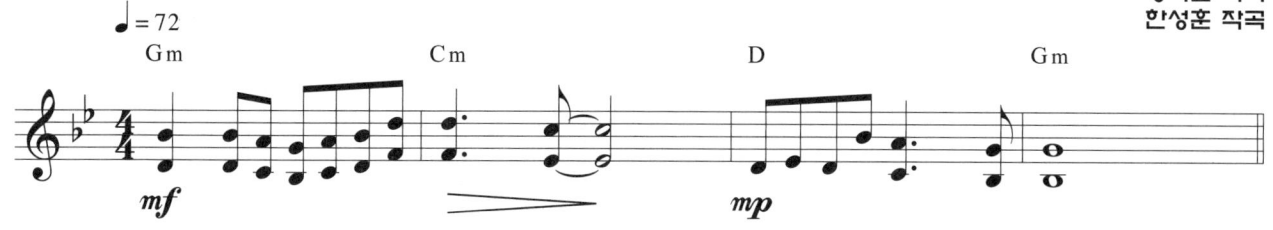

이 세상 모든것을 끌어담고 담— 아
한 평생 욕망따라 쌓고쌓은 업— 보

터 질듯 퍼담아도 차지않는 이마음
이 무리 지워봐도 지워지지 않는 업

비 우—고 또 비우고 아낌없이퍼주어도
베 풀—고 또 베풀고 하염없이베풀어도

비 울—수 비 울—수 비울수없는이마음
지 울—수 지 울—수 지울수없는이마음

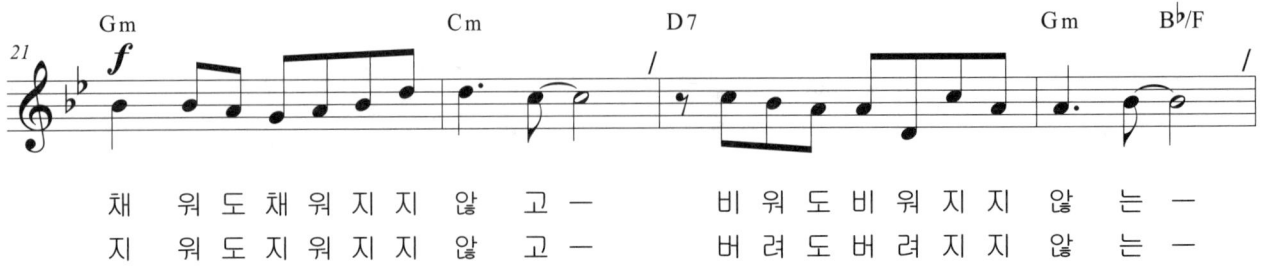
채워도 채워지지 않고 — 비워도 비워지지 않는 —
지워도 지워지지 않고 — 버려도 버려지지 않는 —

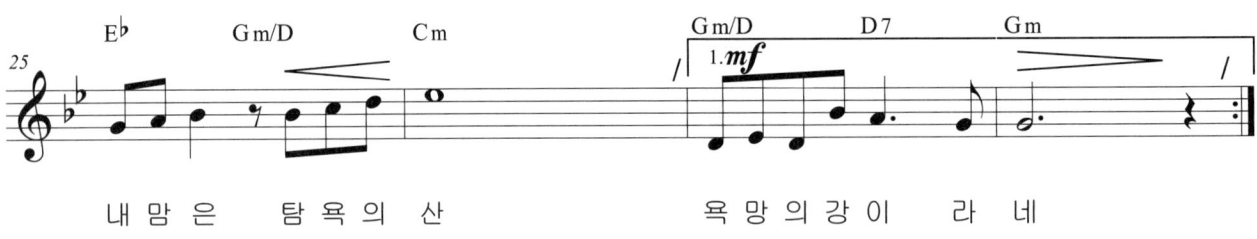
내 맘은 탐욕의 산 욕망의 강이 라 네

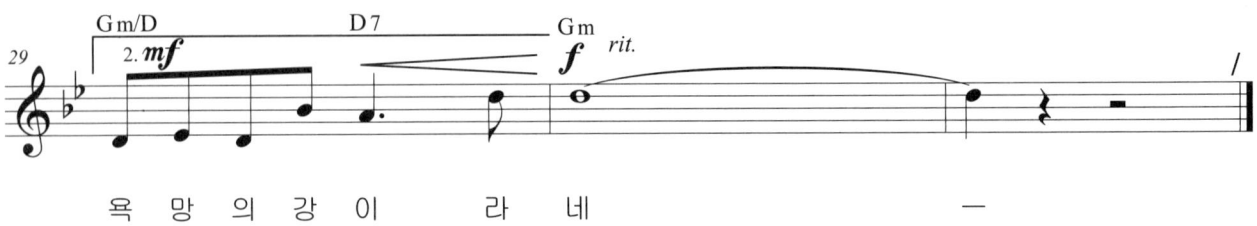
욕 망 의 강 이 라 네 —

우란분절

Original Key : D Minor

서창업 작사
서창업 작곡

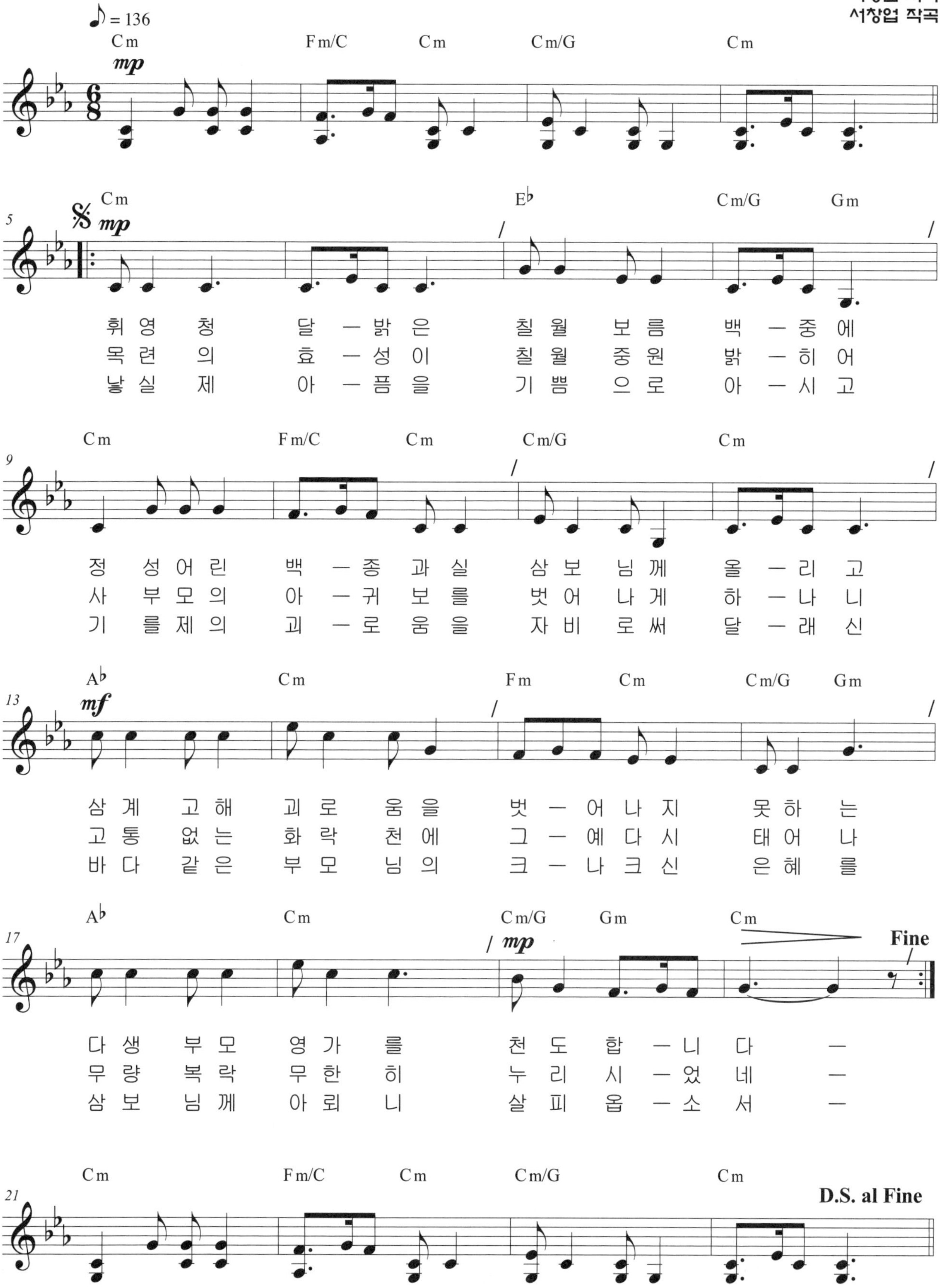

휘영청 달 밝은 칠월 보름 백중에
목련의 효성이 칠월 중원 밝히어
낳실제 아픔을 기쁨으로 아시고

정성어린 백종과실 삼보님께 올리고
사부모의 아귀보를 벗어나게 하나니
기를제의 괴로움을 자비로써 달래신

삼계 고해 괴로움을 벗어나지 못하는
고통 없는 화락천에 그 예다시 태어나
바다 같은 부모님의 크나크신 은혜를

다생 부모 영가를 천도합니다
무량 복락 무한히 누리시었네
삼보님께 아뢰니 살피옵소서

우리도 부처님같이

Original Key : Eb Major

맹석분 작사
이달철 작곡

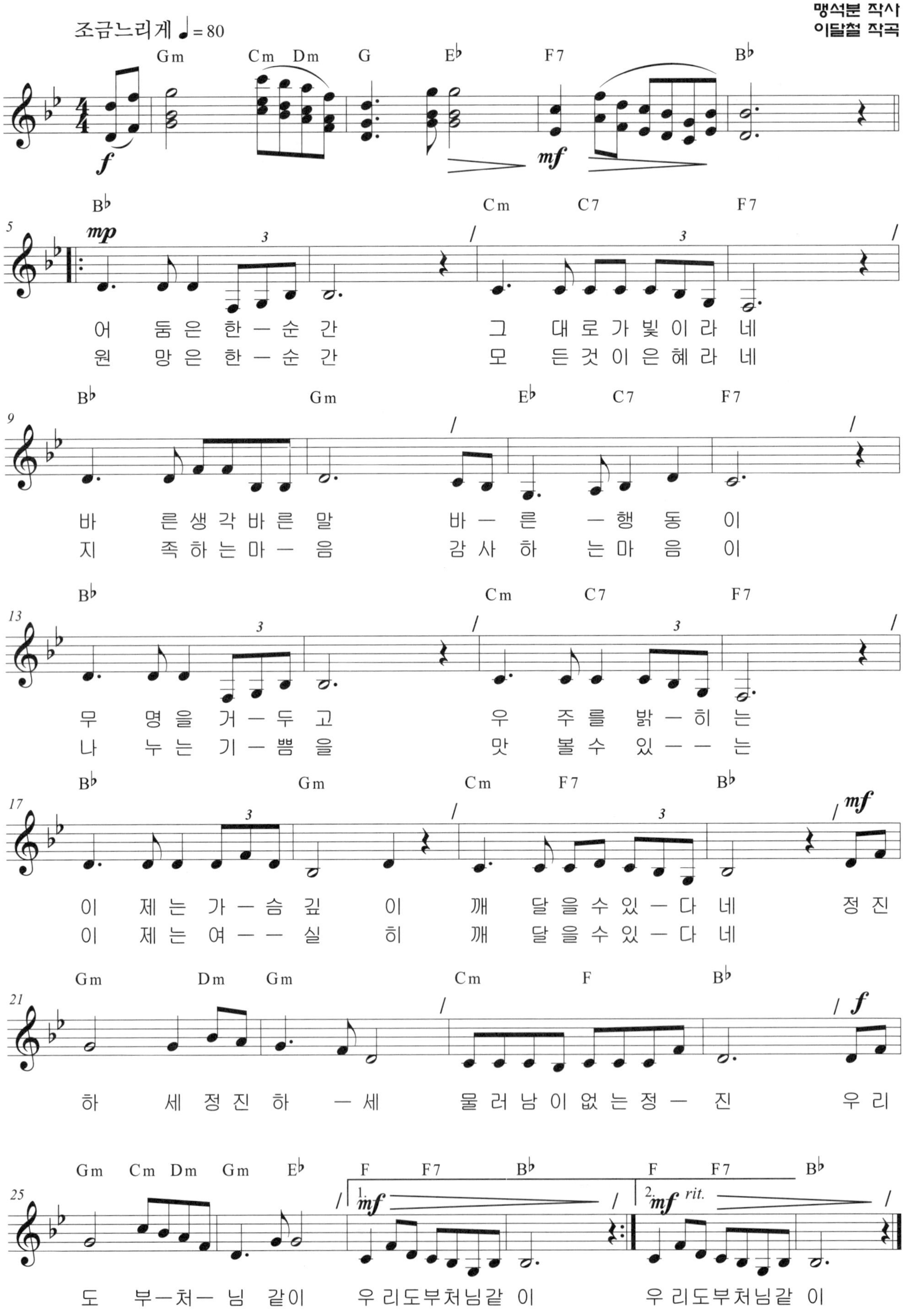

조금느리게 ♩= 80

(sheet music)

Original Key : F Major

이루어지이다

이루어지이다[이조]

윤후명 작사
최영철 작곡

정성어린 마음으로 ♩= 72

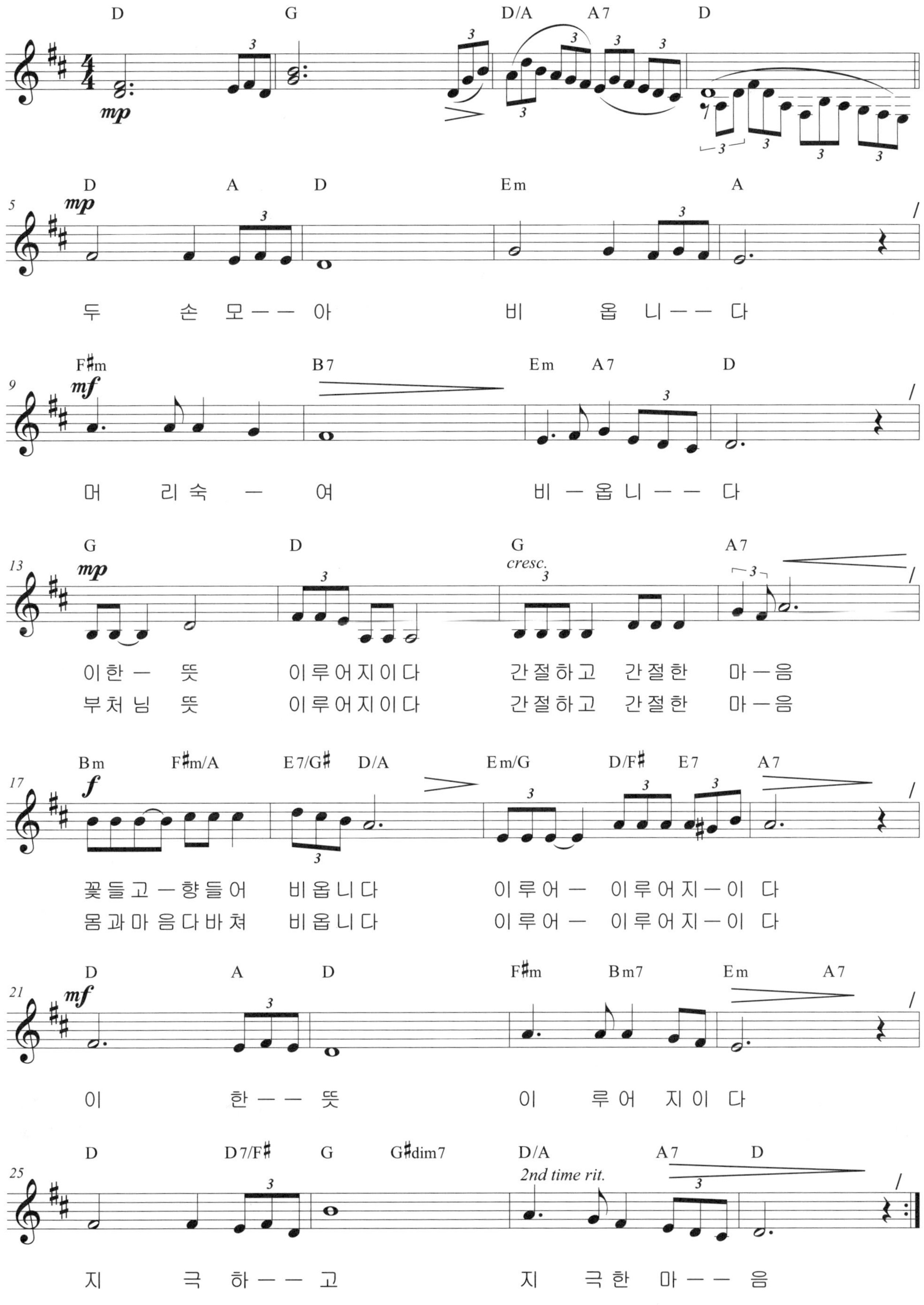

인연의 끈

Original Key : Ab Major

함현스님 작사
유수용 작곡

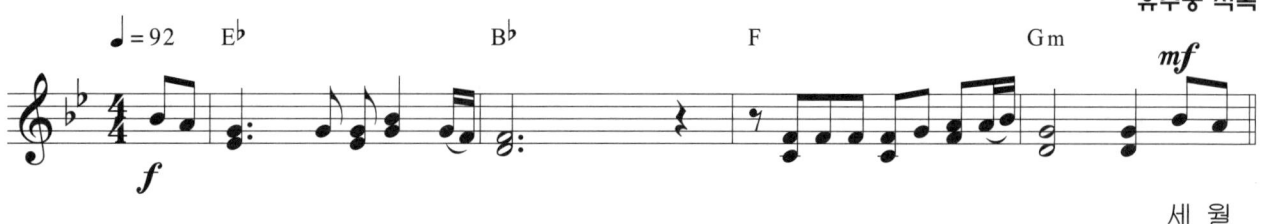

세 월

은 ― ― ― 너 무 빨 ― 라   지 난 날 그 리 워 한 ― 들   흐 르 ―

는 시 간 잡 을 수 없 ― 어   붉 은 노 을 만 바 ― 라 보 ― 네

인 연 이 끄 는 힘 으 로   거 울 에 비 친 내 ― ― 모 습 에 ― ― ―   고 개

돌 려 돌 ― ― 아 보 ― 니   사 ― 랑 도 싸 우 기 도 했 었 지   어 제

는 ― ― ― ― 검 은 머 리 곱 던 얼 굴 내 님 의 모 습 은 어 디 가 ― 고   오 늘 ―

Original Key : F Major

일천강에 비치는 달

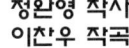

정완영 작사
이찬우 작곡

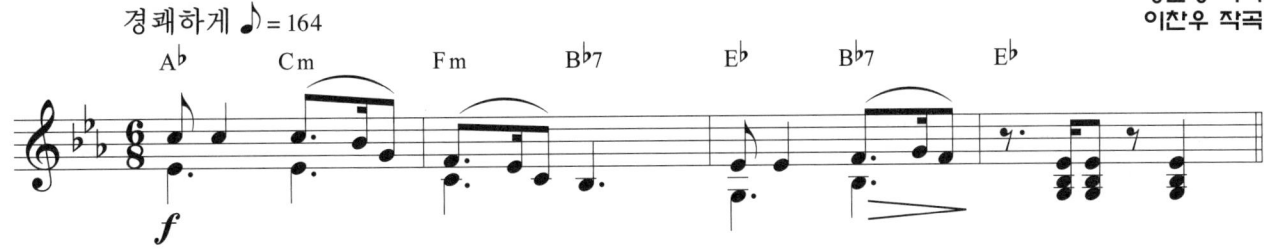

산에 가면 푸 — 른 바람 산 빛 열 — 리 고 —
천 — 강에 달 — 있으니 천 강의 — 말 씀 —

들에서 — 면 밝 — 은 햇빛 강물 흐 — 르 네 —
만 — 리 — 에 구름 가니 — 만 리 의 — 하 늘 —

자 비 의 자 국 마 다 — 꽃 들 빛 — 나 고 —
모 래 알 하 나 에 서 — 한 바 다 — 까 지 —

자비로운 나라

Original Key : C Major

최영철 작사
최영철 작곡

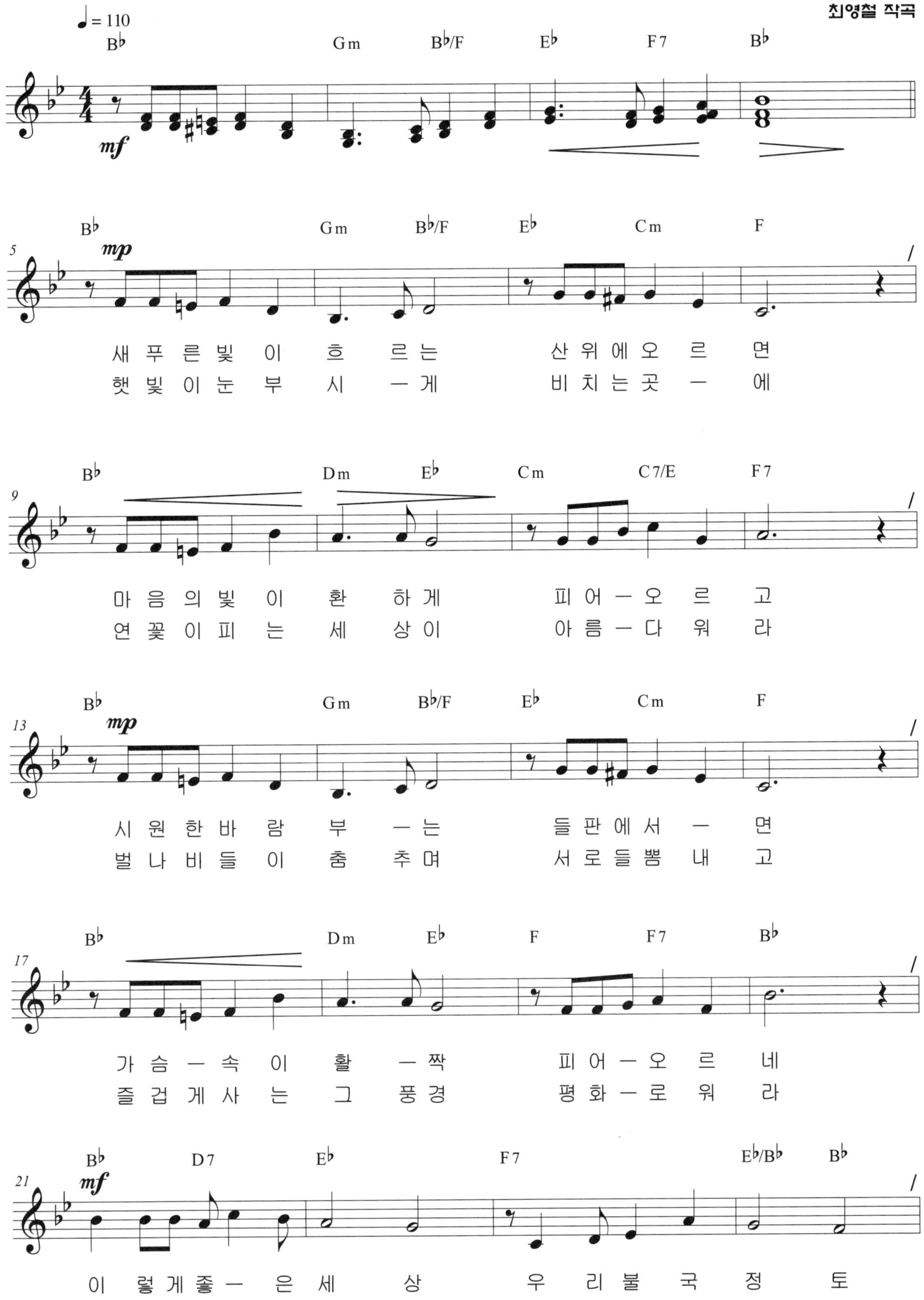

♩ = 110

새 푸른 빛이 흐 르는 산 위에 오르 면
햇 빛이 눈 부시 —게 비 치는 곳 — 에

마 음의 빛이 환 하게 피 어—오르 고
연 꽃이 피는 세 상이 아 름—다 워 라

시 원한 바람 부 —는 들 판에서 —면
벌 나비들이 춤 추며 서 로들 뽐 내 고

가 슴—속이 활 —짝 피 어—오 르 네
즐 겁게 사 는 그 풍경 평 화—로 워 라

이 렇게 좋—은 세 상 우 리 불 국 정 토

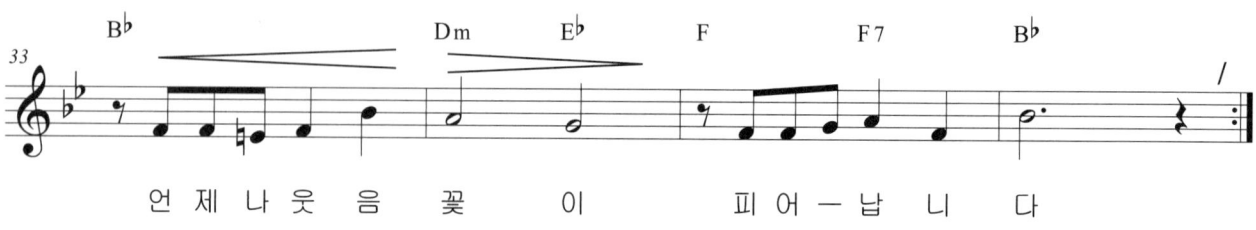
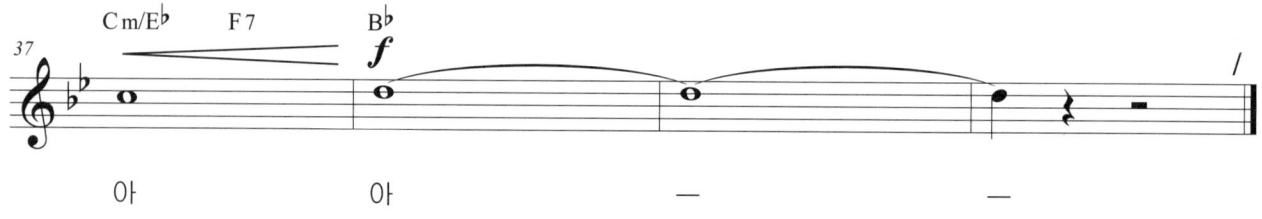

자비의 나라

Original Key : F Minor

반영규 작사
김희경 작곡

♩ = 120

여—린싹— 꽃이피는— 사월초파일
산에들에— 화사한꽃— 배달의나라
넓은들판— 말달리던— 배달의겨레

아기세존— 손을들어— 시방—비추니
고을마다— 연등물결— 일—렁이니
줄기차게— 피고지고— 무궁—화처럼

온누리의— 어두움은— 진리—의광명
모든시름— 사라지고— 기쁨—만가득
반—만년— 지—켜온— 백의—에터전

일곱걸음— 걸음마다— 연꽃피어나
좋을시고— 불국토가— 예—아닌가
오—늘도— 금수강산— 꽃을피우니

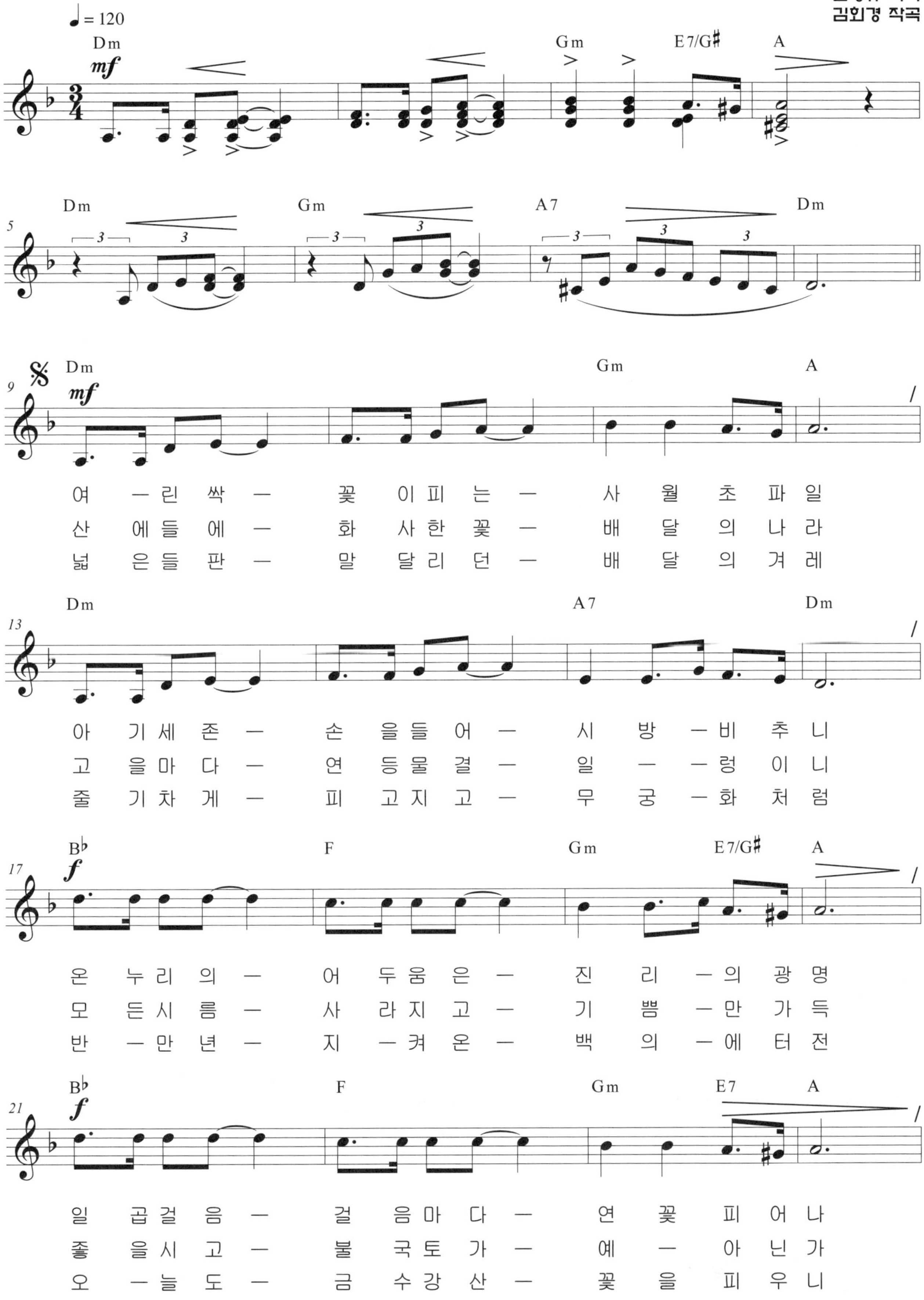

작은 마음의 노래

Original Key : C Major

정율스님 작사
이진구 작곡

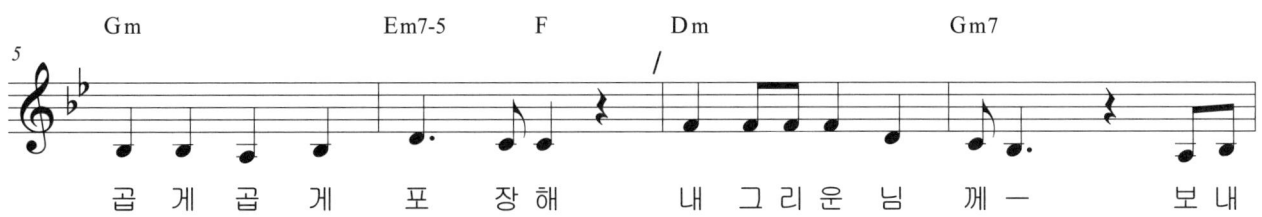

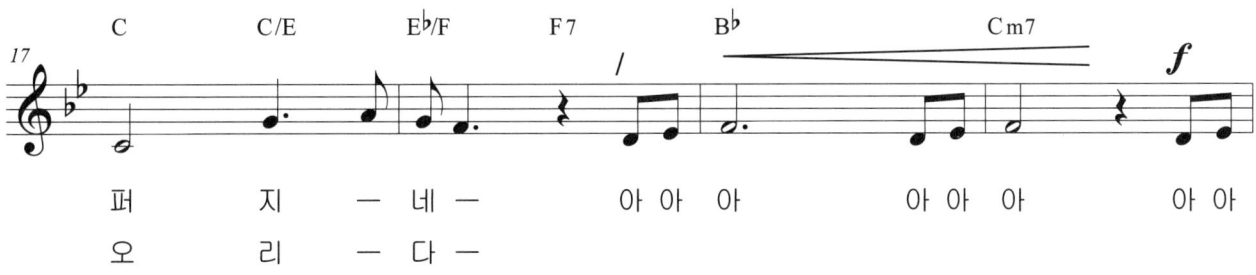

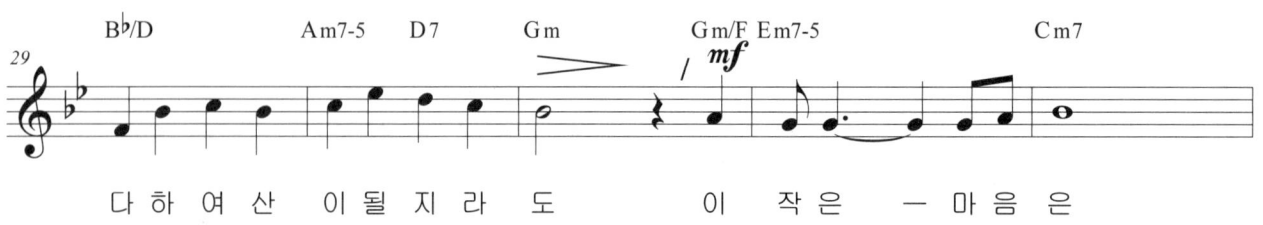
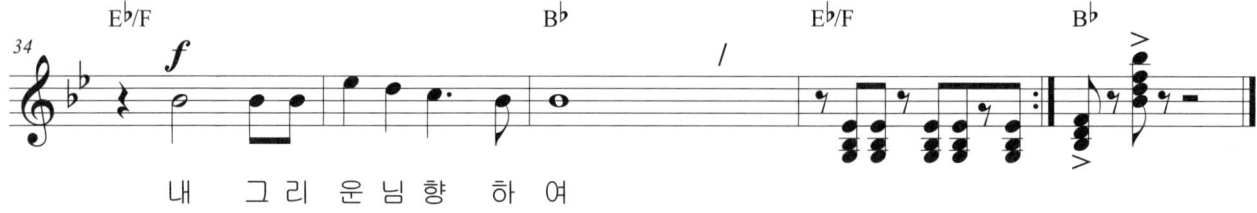

Original Key : G Major

정례 올리고

김정빈 작사
이상규 작곡

좋은 인연

Original Key : Eb Major

덕신스님 작사
이종만 작곡

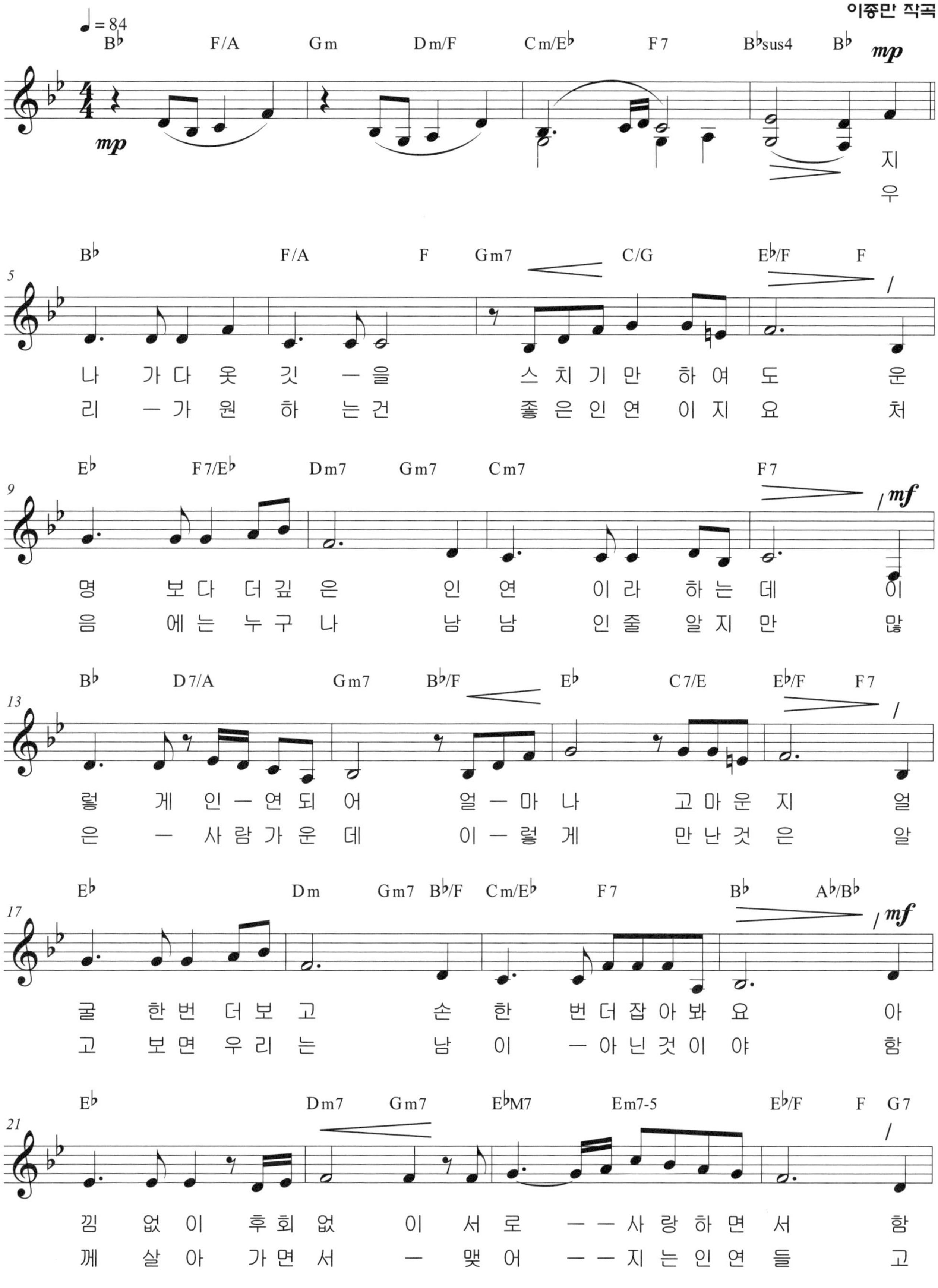

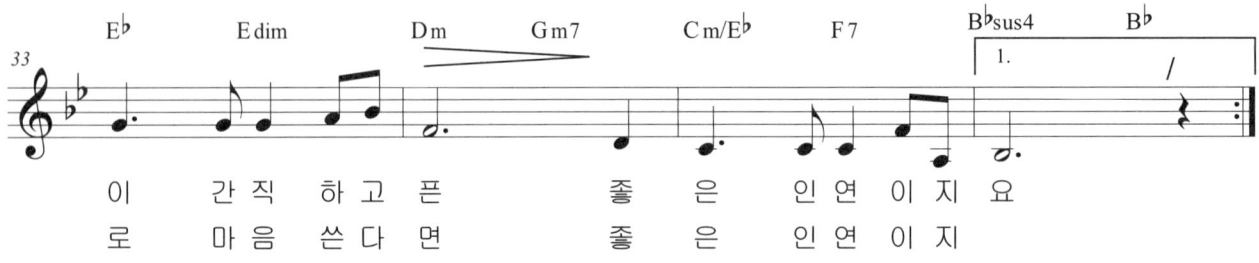

죽비소리

Original Key : D Major

김용호 작곡

약간 빠르고 밝게 ♩ = 110

죽 비 — 소 리 한 번 — 울 려 삼 악 도 의 문 닫 히 고
죽 비 — 소 리 한 번 — 울 려 사 마 외 도 잠 이 들 고

죽 비 — 소 리 두 번 — 울 려 삼 선 도 의 문 열 리 네
죽 비 — 소 리 두 번 — 울 려 모 든 불 성 눈 을 뜨 네

어 두 운 길 괴 로 운 길 헤 매 — 는 우 리 중 생
대 나 무 의 곧 은 성 품 그 대 로 — 지 — 니 — 고

잠 깨 워 서 밝 은 세 상 찾 아 가 게 하 — 려 — 고
부 처 님 의 높 은 법 음 그 윽 히 — 메 아 리 치 는

스 승 님 의 죽 비 소 리 오 늘 도 멈 춤 이 없 — 네
심 임 당 의 죽 비 소 리 오 늘 도 멈 춤 이 없 — 네

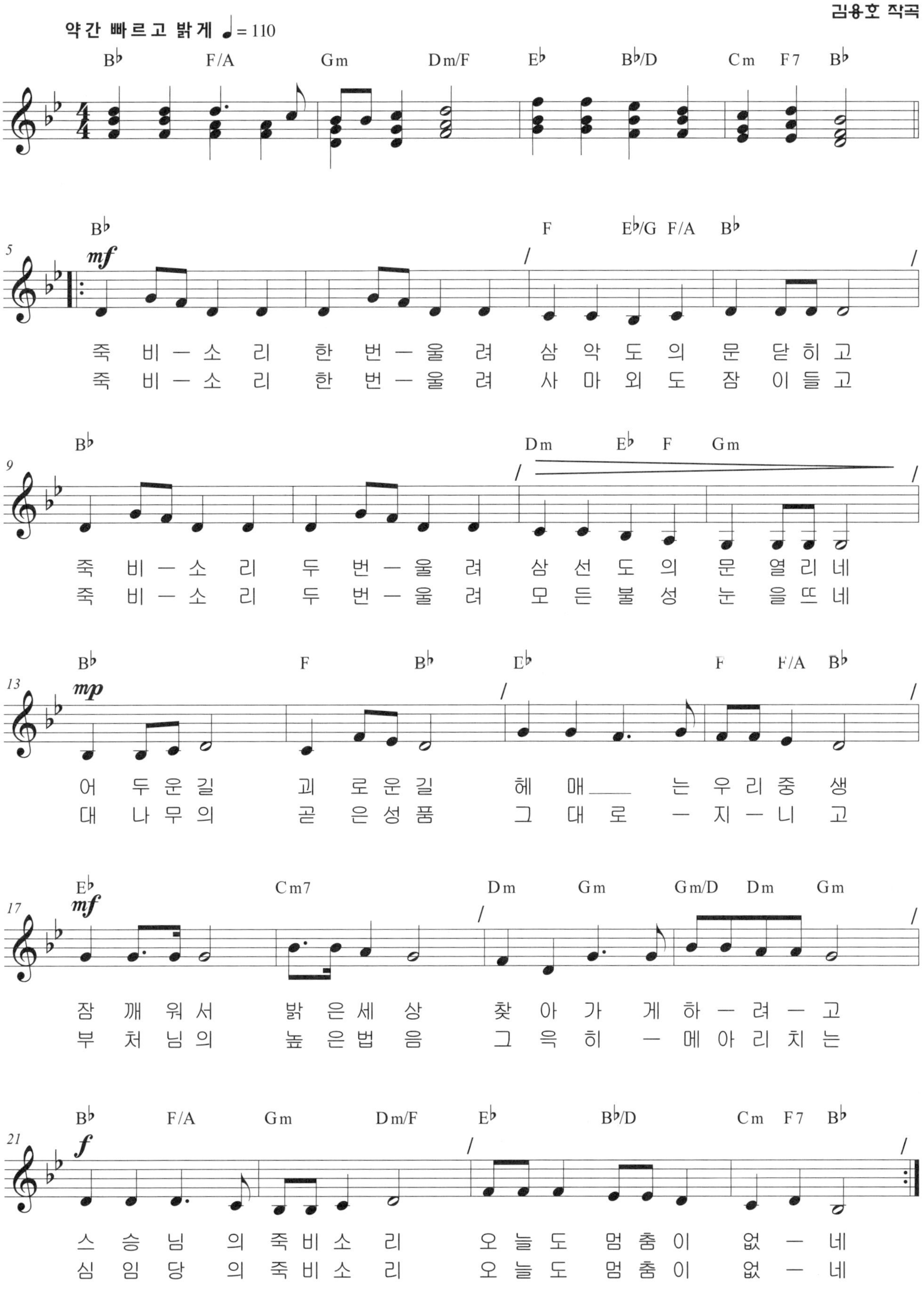

Original Key : C Minor

지계의 노래

지계의 노래[이조]

대행스님 작사
김동환 작곡

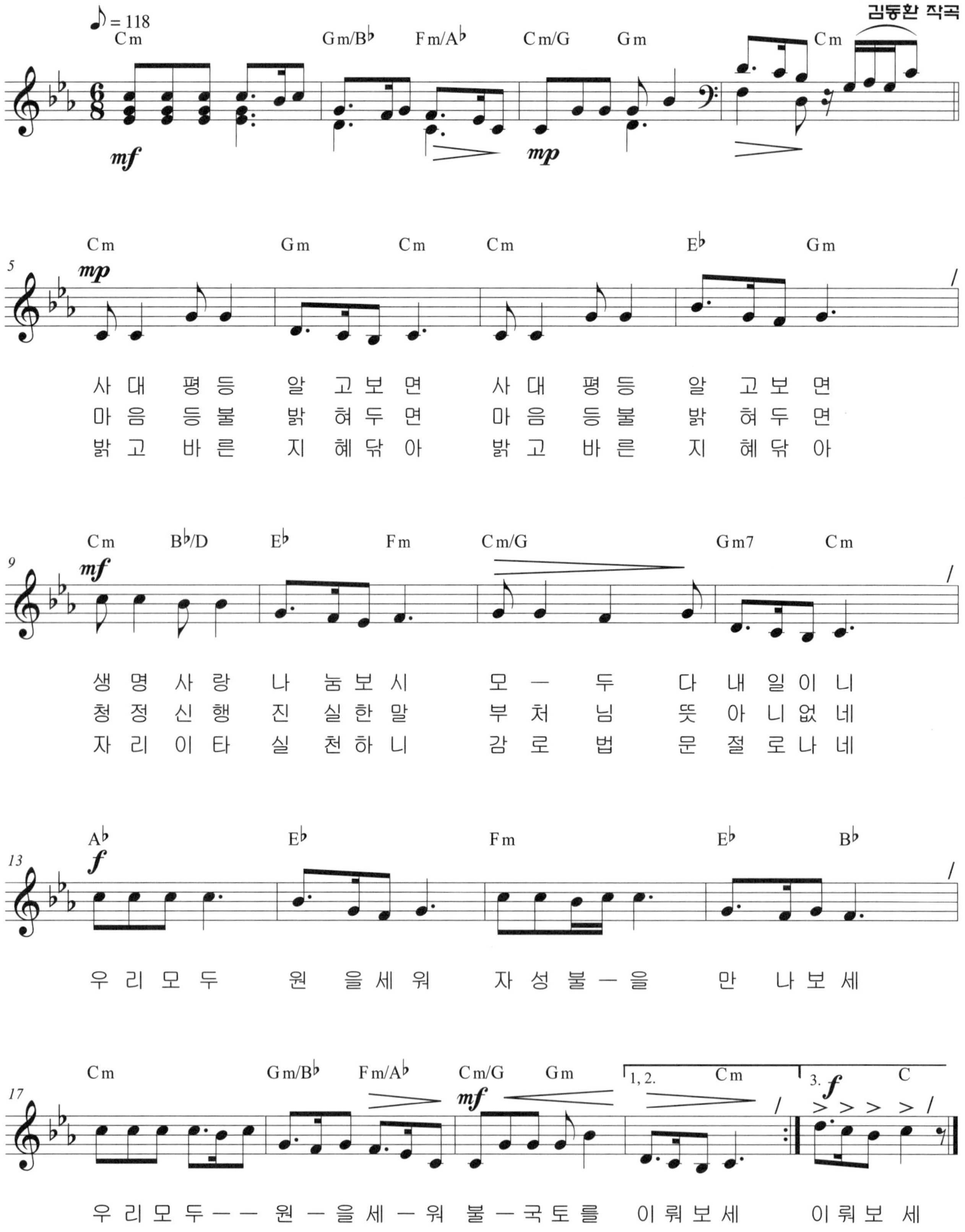

Original Key : F Major

진리의 빛

현성스님 작사
최영철 작곡

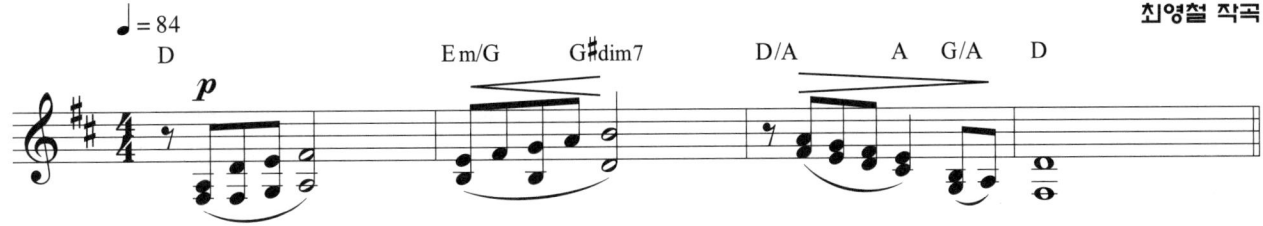

자 비 로 움 한 량 없 — 는 부 처 — 님 — 전 — 에
지 혜 로 움 가 득 하 — 신 부 처 — 님 — 전 — 에

일 심 으 로 향 — 올 리 고 원 하 — 옵 나 — 니
마 음 모 아 합 장 하 — 고 바 라 — 옵 나 — 니

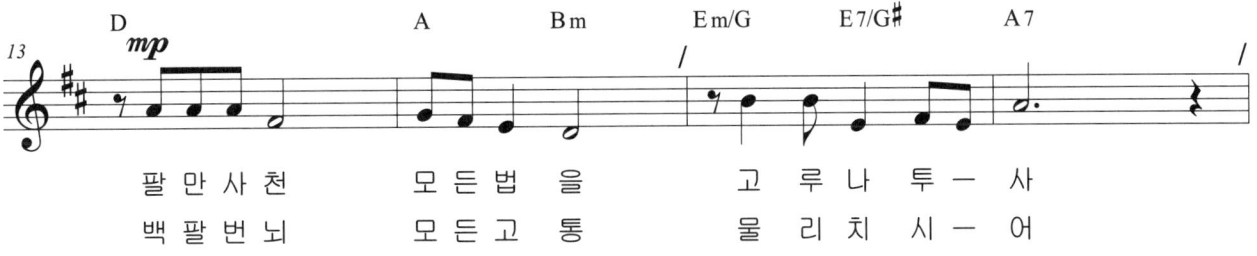

팔 만 사 천 모 든 법 을 고 루 나 투 — 사
백 팔 번 뇌 모 든 고 통 물 리 치 시 — 어

중 생 계 를 해 탈 하 — 게 해 탈 하 게 하 소 서
연 꽃 처 럼 청 정 하 — 게 청 정 하 게 하 소 서

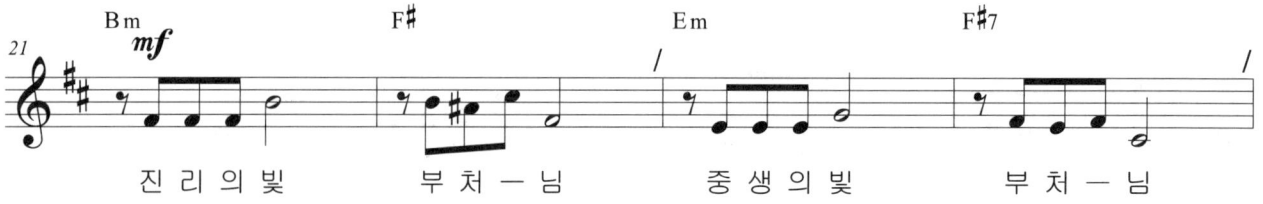

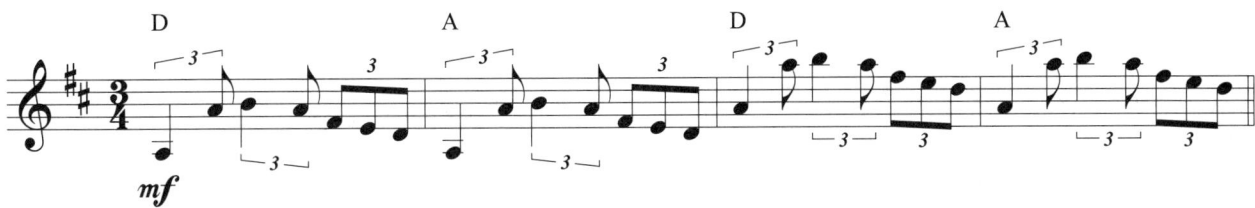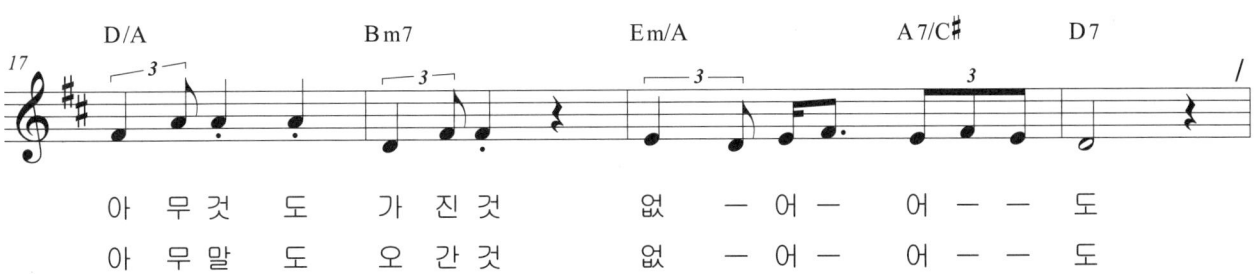

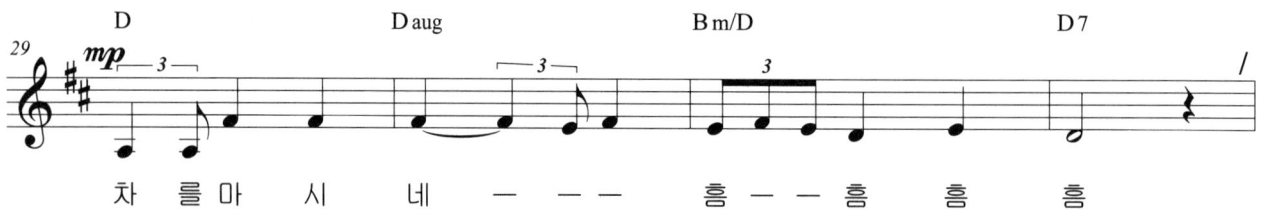
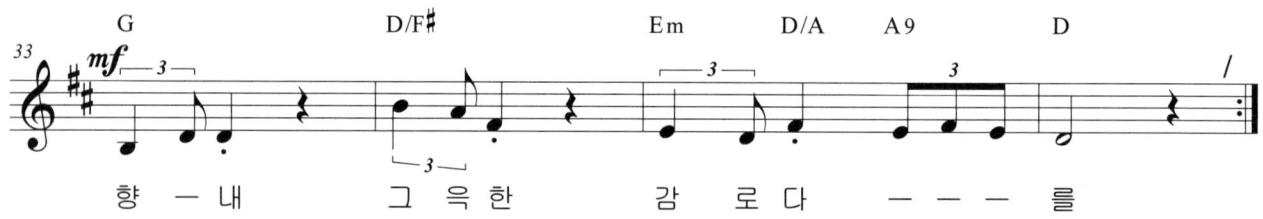

참 나를 찾아서

Original Key : D Minor

황청원 작사
조광재 작곡

참나를찾아 먼 길을떠난— 무소유의외로운 출가자있었네
참나를찾아 환희로정진하는 무—욕의고독한 수행자있었네

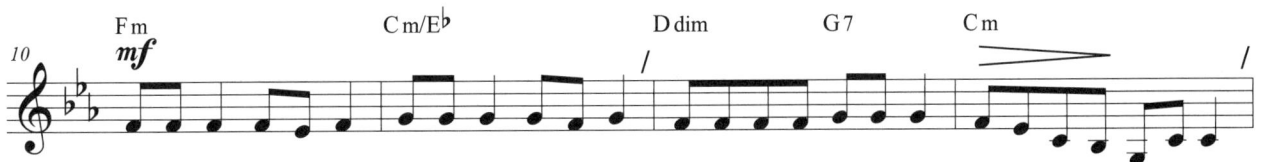

명예도버리고 육신도버리고 가시덤불헤치듯 고—행을했었네
어느날새—벽 밝은별보시고 온—세상적시는 불—빛을켰었네

아— — 그—분—이 석가모니불 석가모니불

우리도 날—마—다 고행하신 부—처님처럼
우리도 깨—달—음 얻— —은 부—처님처럼

오늘이시간 경건하여지—다 오늘이시간 경건하여지—이—다

청산은 나를 보고

Original Key : Eb Major

나옹선사 작사
변규백 작곡

여유있게 ♪ = 120

청산은 나를보고 ― 말없이 살라하고 ―
창공은 나를보고 티없이 살라하네 ―
탐욕도 벗어놓고 성냄도 벗어놓고 ―
물같이 바람같이 살다가 가라하네 ―

Original Key : F Major

초파일의 노래

이청환 작사
변규백 작곡

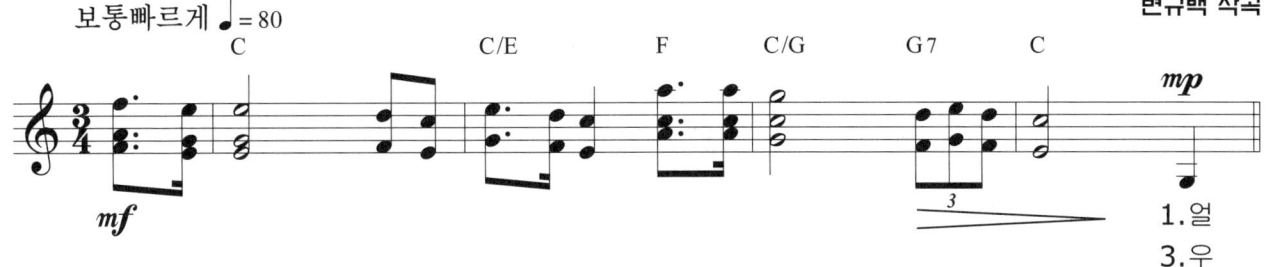

Original Key : C Minor

한 마음 있음이여

윤후명 작사
김동환 작곡

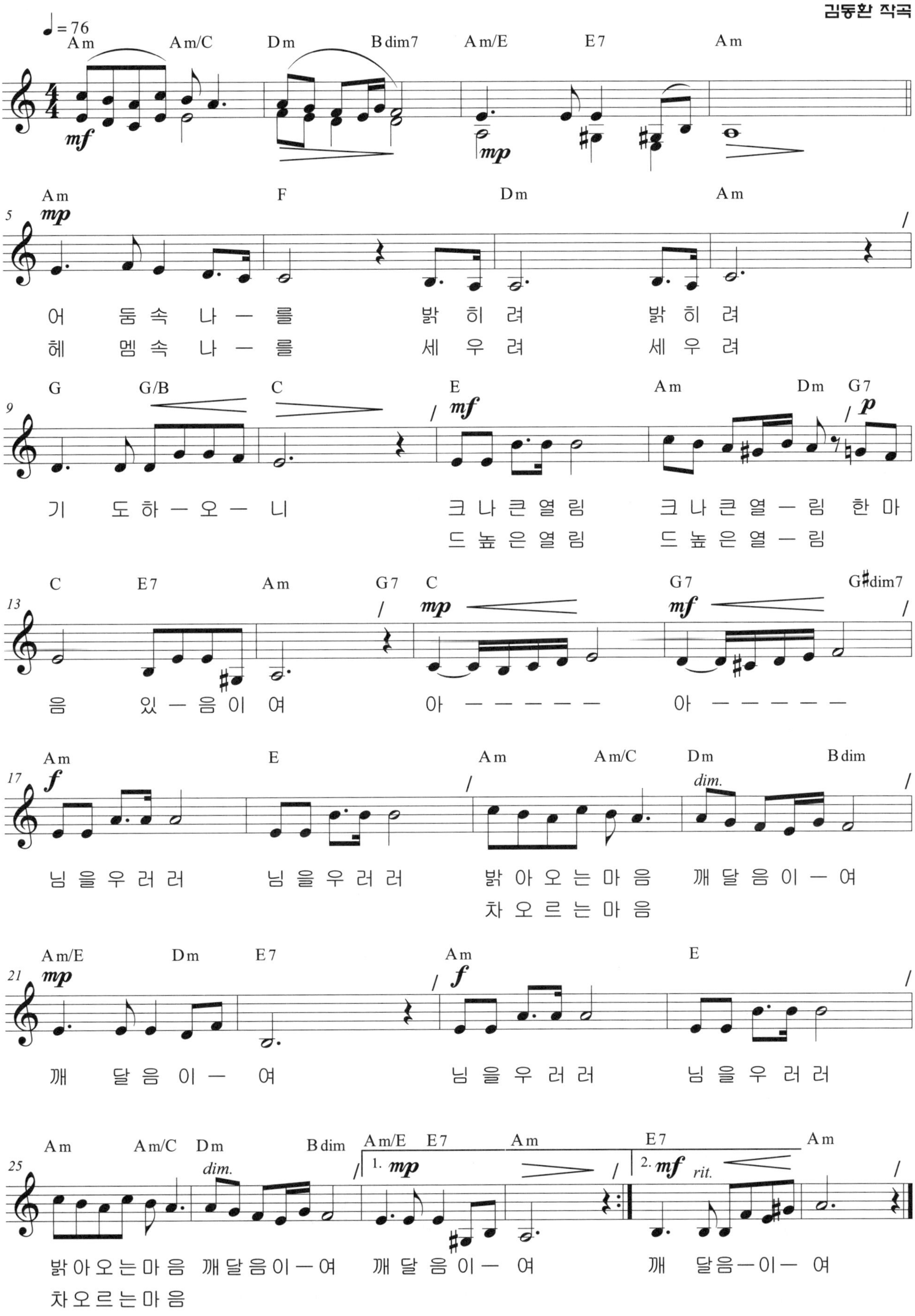
♩=76
Am Am/C Dm Bdim7 Am/E E7 Am
mf mp
Am F Dm Am
mp
어 둠속 나 ― 를 밝 히 려 밝 히 려
헤 멤속 나 ― 를 세 우 려 세 우 려
G G/B C E Am Dm G7
mf p
기 도 하 ― 오 ― 니 크 나 큰 열 림 크 나 큰 열 ― 림 한 마
드 높 은 열 림 드 높 은 열 ― 림
C E7 Am G7 C G7 G♯dim7
mp mf
음 있 ― 음 이 여 아 ― ― ― ― ― 아 ― ― ― ― ―
Am E Am Am/C Dm Bdim
f dim.
님 을 우 러 러 님 을 우 러 러 밝 아 오 는 마 음 깨 달 음 이 ― 여
차 오 르 는 마 음
Am/E Dm E7 Am E
mp f
깨 달 음 이 ― 여 님 을 우 러 러 님 을 우 러 러
Am Am/C Dm Bdim Am/E E7 Am E7 Am
dim. 1. mp 2. mf rit.
밝 아 오 는 마 음 깨 달 음 이 ― 여 깨 달 음 이 ― 여 깨 달음 ― 이 ― 여
차 오 르 는 마 음

해 탈

Original Key : C# Minor

이은희 작사
유수용 작곡

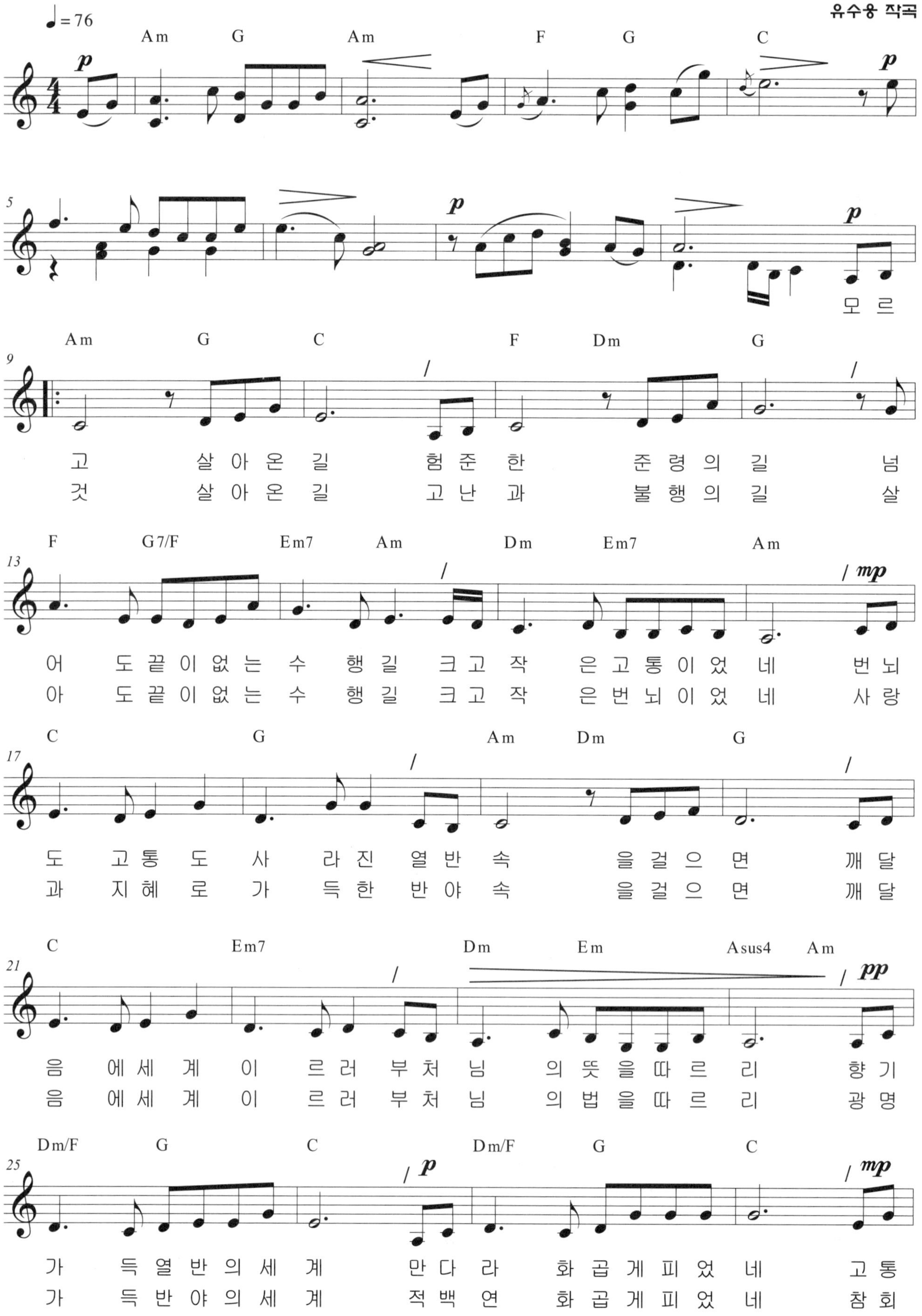

해탈의 기쁨

Original Key : Eb Major

송운스님 작사
오인혁 작곡

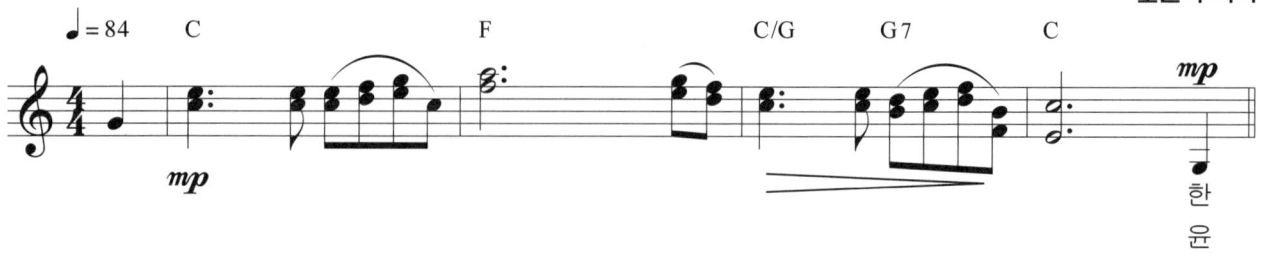

향 심

Original Key : D Major

정율스님 작사
조영근 작곡

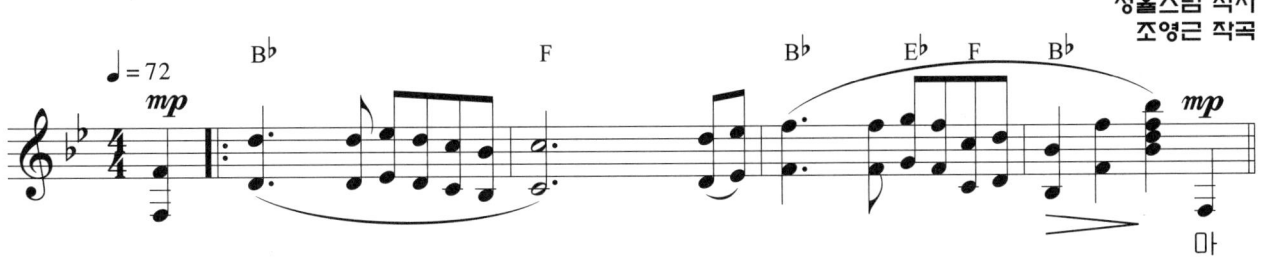

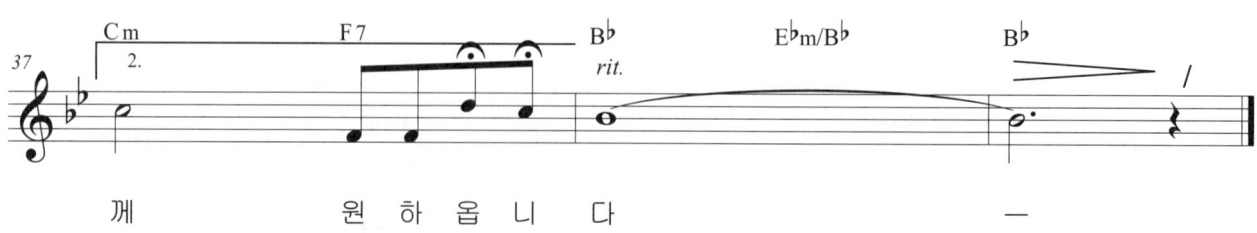

향을 사뤄 몸을 태워

Original Key : D Minor

나태주 작사
김동환 작곡

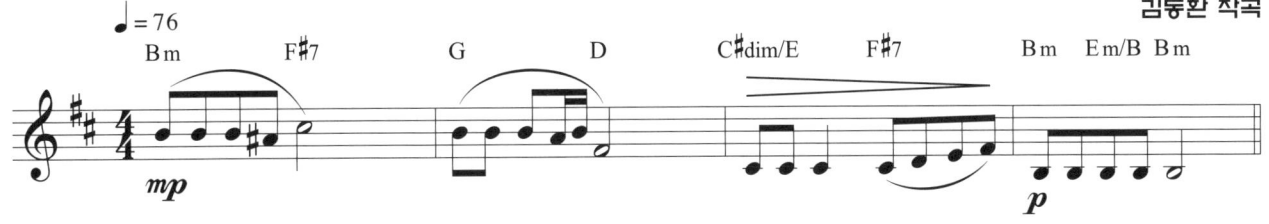

드리옵나니 　드리옵나니 　부처님께 　무릎꿇고
기원하오니 　기원하오니 　부처님께 　기원하오니

슬픈마음 　두손모아서 　한다발의향을사뤄 이몸을태워
팔만사천 　알음버리고 　오직다만마음비워 한가지소원

바치옵나니 　바치옵나―니 　부처님부처님께 바치옵나니
부처님진리 　부처님진―리 　내―가내가알기 원하나이다

듣게하소서 　듣게하소―서 　마음속맑―은 시내물소리

보게하소서 　보게하소서 　마음속맑―은― 시내물소리

Original Key : D Minor

홀로 피는 연꽃

서창업 작사
서창업 작곡

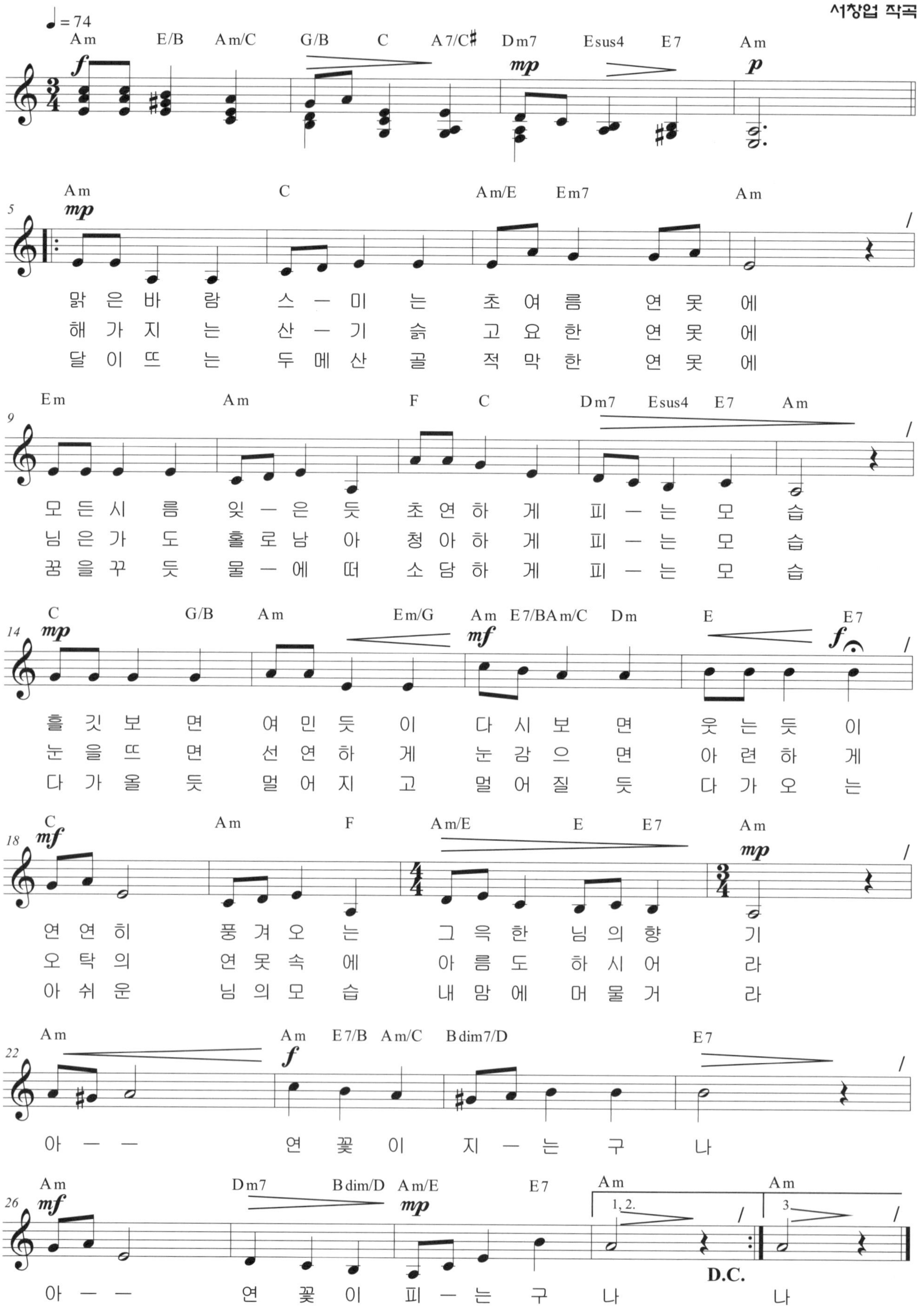

출처 문화재청

국보 제320호

월인천강지곡은
부처님을 찬탄한 **최초**의
우리말 **찬불가** 입니다.

불교음악아카데미는
우리말로 부처님을 찬탄하는 세상을
이어갑니다.

후원계좌
국민은행 불교음악아카데미
867901-00-037329

불교음악아카데미

찬불가지도사 안내 홈페이지

혜능선사의 돈황본 육조단경에
무념(무상 무주)편을 보면
무위심(無爲心)으로 헤아림 없는 마음과
상이 없는 마음으로 정진 수행할 것을 말씀하십니다.

파동과 에너지로 이뤄진 이 우주는 소리와 음악의 세계입니다.
소리의 성질은 무위심과 조금도 다르지 않습니다.

있다가도 없어지는 음악은 여러가지 얽매임에서 벗어나
치유와 참회로 대 자유를 향해 니르바나에 이르게 하는 좋은 도구입니다.

올바른 음악 활동은 수행과 같아 올바른 훈련과 습관을 길러줍니다.
수행하듯 노래하면 걸림 없는 자유를 맛볼 수 있습니다.
이 사실을 알고 노래를 부르는 것과 모르고 부르는 것은 큰 차이가 있습니다.

음악은 번뇌를 여의게 도와주고,
진여본성을 보게 도와주고,
경계에 머무르지 않게 도와줍니다.

찬불가로 부처님 말씀을 효과적으로 전달하는 특별한 가치를 체험하고,
음악적 형식을 구상하여 색다른 법회를 이끄시는 모든 분들께
부처님의 가피가 함께 하시길 기원합니다.